Wanda Gräfin von Westarp   Der Kromfohrländer

vDH   Herausgegeben unter dem Patronat
des Verbandes für das Deutsche
Hundewesen e.V., 4600 Dortmund

Wanda Gräfin von Westarp

Der Kromfohrländer

Rudolf Müller

Die Kapitel »Ernährung«
und »Gesundheit« wurden
von Dr. med. vet. Peter Brehm verfaßt.

CIP-Kurztitelaufnahme der Deutschen Bibliothek

Westarp, Wanda Gräfin von
Der Kromfohrländer
Wanda Gräfin von Westarp
(Die Kap. »Ernährung« und »Gesundheit«
wurden von Peter Brehm verfaßt.)
Köln: R. Müller 1986
(dein hund)

ISBN 3-481 26541-7

ISBN 3-481 26541-7

© Verlagsgesellschaft Rudolf Müller GmbH, Köln-Braunsfeld 1986
Alle Rechte vorbehalten
Verlagsredaktion: Ingeborg Roggenbuck/Elsbeth Vollmer
Umschlaggestaltung: Hans-Dieter Kluth, Erftstadt
Satz: Satzstudio Widdig, Köln
Druck: Druck + Verlagshaus Wienand, Köln
Printed in Germany

Grußwort

Viele treue Freunde haben mein Leben begleitet für lange Jahre – auch für kurze Zeit. Sie haben Liebe gegeben und Liebe genommen. Die Treuesten waren stets meine Kromfohrländer-Hunde. Viel Mühe und nicht wenig Arbeit haben die Zucht und Anerkennung gefordert. Unvergleichlich mehr an Freude und seelischer Bereicherung haben sie mir gegeben. Sie füllen auch heute noch mein Leben mit ihrer Zuneigung und Anhänglichkeit. Es sind mehr geworden im Laufe der Jahre. In den ersten Jahrzehnten der Zuchtanfänge führte ich fünf oder sechs Hunde mit mir. Auch nach der Anerkennung der Rasse blieben oft sechs und acht Hunde im Hause. In den siebziger Jahren fand ich Unterstützung und Hilfe von Freunden, die sich der Zucht dieses klugen und treuen Hausgenossen annahmen. Auf Ausstellungen, in Zeitungsberichten und mit Buchveröffentlichungen gelang es, die Rasse der Kromfohrländer bekannter zu machen.

Es ist mir eine große Freude zu erleben, daß ein größer werdender Kreis von Hundeliebhabern sich dem Kromfohrländer zuwendet. Dieses Buch soll dazu beitragen, das einmalige Wesen des Kromfohrländers deutlich zu machen und ihm im Kreis der Rassehunde den ihm gebührenden Platz zu sichern.

Literaturverzeichnis

Bergler, Reinhold: Mensch und Hund, Köln 1986
Beyersdorf, Peter: Dein Hund auf Ausstellungen, R. Müller, Köln 1981
Brehm, Peter: Dein Hund im Recht, R. Müller, Köln 1980
Gebhard, Heiko: Du armer Hund, Goldmann Verlag
Klinkenberg, Tillmann: Hundeerziehung ohne Zwang, Melsungen 1983
König, Kurt F.: Haustierschaft, Rotenburg 1973
Lorenz, Konrad: So kam der Mensch auf den Hund, DTV
Palmer, Joan: Die schönsten Rassehunde in Farbe, R. Müller, Köln 1982
Räber, Hans: Brevier neuzeitlicher Hundezucht, Bern
Scheffer, Mechthild: Bachblütentherapie, Hugendubel, München 1981
Schneider-Leyer: Die Hunde der Welt, Müller, Rüschlikon 1960
Trumler, Eberhard: Der schwierige Hund
Wolff, H. G.: Unsere Hunde – gesund durch Homöopathie, Sonntag, Regensburg 1977
Zimen, Erik: Der Wolf, München 1978

Bildnachweis

Titelbild:	Falk Graf von Westarp, 5307 Villip, Zwinger vom Weddern
Seiten 9, 11, 13, 16, 88	Ilse Schleifenbaum, 5900 Siegen, Zwinger vom Wellersberg
Seiten 14, 15, 29, 67	Tiina Kopoonen, 51600 Haukivuori, Finnland, Zwinger Krumme Furche
Seiten 17, 30, 99	Sylvia Mathausen, 4408 Dülmen (Skizzen)
Seiten 21, 32, 42, 79	Klaus Blankenagel, 4150 Krefeld
Seite 71	Gesche Blankenagel, 4150 Krefeld
Seite 35	Kurt und Ingrid Bolzmann, 5810 Witten, Zwinger von der Twissel
Seiten 39, 44	Dr. Peter F. Behrend, 3008 Garbsen 1, Zwinger vom Antareshof
Seiten 45, 57	Helmut Koschnicke, 3008 Garbsen, Zwinger vom Antareshof
Seite 66	Kirsten Rode, 3008 Garbsen, Zwinger vom Antareshof
Seite 97	Maria Akerblöm, Helsinki, Finnland, Zwinger av Ros Loge
Seite 71	Peter Hans Nengelken, 5024 Pulheim

Alle übrigen Bilder stammen von der Verfasserin.

Inhalt

Die Geschichte des Kromfohrländers 9
Abstammung – Der Ur-Peter – Eine deutsche Hunderasse – Der Weg zur Anerkennung – Die Anerkennung – Die Finnen – Neue Zwinger

Wesen und Aussehen des Kromfohrländers 18
Ein angepaßter Hausgenosse – Ein lebhafter Begleiter – Ein sicherer Verkehrsteilnehmer – Ein auffälliger Typ

Standard 24
Standardprobleme – Rassekennzeichen – Einzelheiten des Standards

Wahl eines Kromfohrländers 31
Informationen – Termine – Auswahl – Prägungsphase

Der Neue 37
Der erste Tag – Die erste Nacht – Das erste timing – Die erste Erziehung – Die erste Leinenführung

Gesundheit 43
Umweltbelastung – Vorsorge – Erkrankungen – Psychologie – Hausapotheke

Kromfohrländer in der Meute 48
Einmannhund? – Meutehund? – Zeichensprache – Kindererziehung – Unterricht im Freien – Ein Rückwanderer – Die Clubmeute

Die Zucht 55
Grundsätzliches – Voraussetzungen – Paarung – Was man nicht tun sollte – Deckmeldung und Wartezeit – Das Welpenzimmer – Wiegen, Zeichnen, Nennen – Auslauf – Interessenten und Käufer

Ausstellungen 63
    Einlaß für Hunde – Ausstellen: wie? – Ausstellen: warum? – Ausstellen: wen?

Ernährung 72
    Eine Wissenschaft für sich? – Die wichtigsten Grundregeln – Fertigfutter – sicher, bequem und preiswert – Eigener Herd ... – Patentrezepte

Gesundheit 84
    Vorbeugen ist besser als Heilen – Erste Hilfe tut not – Alarmzeichen – Infektionen bedrohen die Gesundheit – Impfungen schützen vor diesen Infektionskrankheiten – Gegen andere Infektionen schützt Vorsicht – Wurmkuren gegen unerwünschte Kostgänger – Gefahren für die menschliche Gesundheit?

Ältere und alte Kromfohrländer 98

Die Geschichte des Kromfohrländers

Abstammung

Die Geschichte des Kromfohrländers geht nicht in graue Vorzeit zurück. Er ist auch nicht das Produkt genetischer Ambitionen. Der Kromfohrländer ist das glückliche Ergebnis einer Zufallspaarung. Es sei erlaubt, das Wort Zufall dahin zu erweitern, daß es Sympathie und Gleichklang ausdrückt. Diese harmonische Schwingung prägt das Wesen des Kromfohr-

Ilse Schleifenbaum mit Peter und Senta.

länders. Er wurde geboren im Jahre Null, id est 1945. Da streunte ein struppiger, schmutziger Hund halbverhungert durch die Wälder des Siegerlandes, in Forst und Gemarkung Kromfohr. Noch heute findet sich der alte Flurname auf Meßtischblättern jener Zeit. Hier traf ihn Ilse Schleifenbaum und nahm ihn auf. Er war von einem amerikanischen Laster gesprungen. Amerikanische GI's hatten ihn als Maskottchen auf ihrem Vormarsch ostwärts mitgeführt. Als er nun gesäubert und gefüttert war, konnte man ihn in Muße studieren. Er war eindeutig ein Griffon, ein französischer Drahthaar-Vorstehhund. In einem Hundestammbuch des Griffonclubs aus dem Jahre 1905 findet sich das Bild des Griffonrüden Zillo-Helmhof mit der richterlichen Beurteilung »... sofort bekommt man den Eindruck eines erstklassigen Hundes...«. Er wird als »weiß mit braun« beschrieben, also weißes Haarkleid mit braunen Abzeichen an Kopf und Körper.

Der Begriff Griffon ist für uns etwas vieldeutig. Hier ist der Griffon vendee gemeint und nicht der belgische Griffon, den der Brockhaus den Zwerghunden zuordnet. Er findet sich entlang der gesamten atlantischen Küste Frankreichs in unterschiedlichen Größen und meist weiß-hellbraun. Das Wort Griffon ist gälisch und bedeutet eigentlich nur der Kraushaarige.

Der Ur-Peter

Peter oder, genauer, der Ur-Peter war ein angenehmer Hausgenosse, doch nicht dadurch wurde er berühmt. Seine Karriere begann, als er die Foxin von nebenan besprang. Die Foxterrierhündin war schon eine ältere Dame, sie soll 18 Jahre alt gewesen sein, als sie den Wurf nach Peter brachte. Sie war der Typ jenes Foxls, der die »Stimme seines Herrn« so bekannt gemacht hat. Man erinnert sich an das Bild mit dem großen Grammophontrichter, vor dem andächtig lauschend ein Foxterrier sitzt. Die allerliebsten Welpen aus diesem Wurf wurden in einem altertümlichen, gemauerten Backofen großgezogen, der beheizbar war. Wie schwierig war es damals, so kurz nach dem Krieg. Alle Menschen lebten behelfsmäßig. Auch die Familie Schleifenbaum hauste nur notdürftig. Die Hundchen großzuziehen, war nicht einfach, und sie zu verschenken in gute Hände, erforderte Mühe. Dem ersten geglückten Wurf folgten wei-

Die Kromfohrländer mit ihrer Urzüchterin.

tere. Auch die folgenden Jungen wiesen gleiche Merkmale auf. Ilse Schleifenbaum erkannte das Besondere an dieser neuen Art. Hier war ein Hund, der mit keiner anderen Rasse zu vergleichen war. Elegant, mittelgroß, lebhaft, treu und gelehrig. Und robust war er, oder wie man heute sagt, »pflegeleicht«. Sonst hätte er in der damaligen Zeit keine Überlebenschance gehabt.

Eine deutsche Hunderasse

Ilse Schleifenbaum beschloß, neben Kindererziehung und Nachkriegsaufbau diese Hunde als Rasse durchzuzüchten. Sie nahm Verbindung auf mit Otto Borner. Die beiden bildeten ein interessantes Team. Ilse Schleifenbaum hatte Energie und das Feingefühl des Künstlers. Otto Borner besaß die Erfahrung. Herkommend von der Tauben- und Kaninchenzucht war er leidenschaftlicher »Hundemann«. Aus den verbliebenen Trümmern half er in leitender Stelle, den Verband für das Deutsche Hundewesen zu reorganisieren. Seine Verdienste auf diesem Gebiet können hier nicht erörtert werden. Sie sind weltweit bekannt. Sein Einsatz für den Kromfohrländer ermöglichte erst die Anerkennung dieser neuen deutschen Rasse durch den FCI, die Fédération Cynologique International.

Der Weg zur Anerkennung

Bis dahin war es ein weiter Weg. Ilse Schleifenbaum fürchtete keine Kritik und scheute keine Mühe. Zeitweilig begleiteten zehn Hunde ihren Mann auf seinen Waldgängen; die Ehefrau Otto Borners hegte und pflegte bis zu 14 Kromfohrländer in ihrem kleinen Einfamilienhaus. Käufer für die unbekannte Rasse gab es nicht, die Junghunde mußten verschenkt werden. Unmöglich konnte man alle behalten. Um die Rasse bekannt zu machen, wurden Hundeausstellungen besucht. Dahin mußten die Hundebesitzer transportiert werden, sie mußten beköstigt und logiert werden. Auf den Schauen gab es Beifall und auch Gelächter über diese lustigen, bunten Neulinge. Bei Züchtern und Hundefachleuten weckte das kynologische Experiment großes Interesse. Aus einem einzigen Paar sollte in ständiger Inzucht eine gesunde Rasse resultieren? Noch heute ist Prof. Wegner – Hannover skeptisch wegen der Inzucht: »Wehe dem Inzest!«. Aber, wie Graf Westarp sagte: »Was nicht drin ist in der Erbmasse, kann auch nicht rauskommen.«
Die Erbanlagen sind vielfältig, und wir heutigen Züchter müssen dem besondere Aufmerksamkeit widmen. Prof. Räber, Schweiz, wies auf die Tatsache hin, daß der glatte Foxterrier auch schon mehrere Blutlinien führt, zum Teil von englischen Foxen und zum Beispiel auch vom Beagle.

Die Anerkennung

Endlich gelang es, im Jahre 1955 mit dem Nachweis der Einheitlichkeit der Würfe in Erscheinungsbild und Wesensart, die internationale Anerkennung als neue deutsche Hunderasse zu erhalten. Der Zwinger vom Wellersberg von Ilse Schleifenbaum und der Zwinger vom Lenneberg von Otto Borner waren damit amtlich. Das Wort Zwinger ruft eine Vision von Drahtgittern im Freien mit Nässe und Kälte hervor. Es bedeutet aber lediglich, daß unter einem vom Hundeverband geschützten Namen gezüchtet wird. Die Kromfohrländer werden nicht in Freilandzwingern aufgezogen. Sie wachsen im Hause auf mit ständigem menschlichen Kontakt, den sie unbedingt brauchen, um ihre spezifischen Eigenschaften voll entwickeln zu können.

Die Anerkennungsgruppe.

Die Finnen

Die Finnische Kromfohrländer-Zucht begründete Maria Akerblöm, die mit den höchsten finnischen Tapferkeitsorden ausgezeichnete Widerstandskämpferin. Sie traf auf der Ausstellung in Oldenburg 1956 die Schleifenbaum'schen Kromfohrländer und erwarb sofort einige Zuchthunde. Eine enge Freundschaft verband fortan die beiden Damen, was aber nicht ausschloß, daß lebhafte Diskussionen geführt wurden. Stets ging es um Zuchtziele und Zuchtgrundsätze.

In Finnland gibt es jetzt etwa ebenso viele Kromfohrländer wie bei uns. Leider erlauben die strengen Quarantänevorschriften keinen aktiven Kontakt. Auch England ist aus dem gleichen Grund für uns praktisch unerreichbar. Nur selten kommt ein Schöner aus dem Zwinger »av Rose Loge« von Maria Akerblöm oder von den jüngeren Zwingern »Krumme Furche« oder »Nostradamus« zu uns herüber.

Krumme Furche – Dominique Finnland –.

Drei Finnen.

Neue Zwinger

Nach dem Triumph und der Anspannung im Bemühen um die Anerkennung folgte die Zeit der relativen Stagnation. Es war immer noch schwierig, die Hunde publik zu machen in den Goldenen 50iger Jahren. Erst Ende 60, als Ilse Schleifenbaum ihren letzten Wurf mit den Q-Hunden machte, fanden sich fast gleichzeitig drei Herren, die nun als Züchter und Vorstandsmitglieder neue Aktivitäten einbrachten. Das waren Graf Westarp, Werner Rahmann und Helmut Koschnicke; dazu kam Karl Eikkenscheidt und, nicht zu vergessen, Ute Giersiepen. Bisher hatte es einen Förderverein gegeben, der dem Kromfohrländer freundschaftlich zugetan war. Der Rassezuchtverein der Kromfohrländer e.V. bestand zwar schon seit April 55, eingetragen beim Amtsgericht in Siegen. Doch blieb er im Freundes- und Familienkreis begrenzt und hatte sich wenig effektiv gezeigt.

Die 56-iger.

Clubtreffen der Individualisten.

Die neuen Herren engagierten sich mit Überzeugung und Temperament. Man suchte die wenigen noch erreichbaren Hündinnen und verwandte viel Energie, um die Zucht auf eine breitere Basis zu stellen. Keine Reise zu einer Ausstellung war zu weit, keine Fahrt zu einer Hundehochzeit zu mühsam, um diesem Ziel näher zu kommen. So gelang es schließlich, etwa 50 Welpen pro Jahr zu züchten. An anderen Rassen gemessen ist das so gut wie nichts. Das ergibt über die Jahre eine langsam steigende Population, und bürgt für die Qualität des Hundes zu Lasten der Quantität. Das Wesen des Kromfohrländers ist der Maßstab für die Zucht. Das Erscheinungsbild findet notgedrungen erst in zweiter Linie Berücksichtigung. Auch heute, nach 40jähriger Zuchtarbeit, ist der Kromfohrländer in seinem Äußeren Schwankungen unterworfen; er ist kein Schablonenhund. Das macht ihn so individuell. In seinem Wesen ist er der ideale Haus- und Begleithund, wie ihn der Standard beschreibt.

Ist mein Gang nicht elegant?

Wesen und Aussehen des Kromfohrländers

In zahlreichen Hundebüchern gibt es ebenso zahlreiche Kurzbeschreibungen über den Kromfohrländer. Da findet sich manches Zutreffende, aber auch viel Unzutreffendes, oft sogar Falsches. Für einen Laien, der seinen Hund liebt, sind Fachausdrücke unwichtig. Bei der geringen Anzahl der jungen Rasse und der weiten Streuung über das gesamte Bundesgebiet fallen die Informationen unterschiedlich aus. Für einen Reporter, der den Hund nicht kennt, sind Aussagen vieldeutig. Der Kromfohrländer vereinigt in sich die besten Eigenschaften seiner Ureltern: die Lebhaftigkeit des Foxterriers und die Treue des Griffon.
In der Kurzfassung des Rassestandards von 1968 wird das Wesen des Kromfohrländers in zwei Zeilen beschrieben: temperamentvoll, anhänglicher und treuer Begleiter seines Herrn, und vorzüglicher Wächter für Haus und Hof.

Ein angepaßter Hausgenosse

In der Wohnung verhält sich der Kromfohrländer mustergültig. Bedingungslos paßt er sich dem Tagesrhythmus der Familie an. Ruhig und bescheiden schläft er an seinem Platz, verfolgt dabei jedes Geräusch und gibt Laut, wenn »Es« fremd klingt. Genau unterscheidet er, ob »Es« ihn etwas angehen sollte. Er ist wachsam ohne ein Kläffer zu sein. Überschwenglich begrüßt er die Familie, auch wenn einer nur ein Stündchen fort war. Selbst nach jahrelanger Abwesenheit erkennt er wieder, wen er einmal ins Herz geschlossen hatte.
Gegen fremde Besucher zeigt er Zurückhaltung. Er ist anhänglich ohne unterwürfig zu sein, treu und zuverlässig ohne Aufdringlichkeit. Für jedes Lob überschwenglich dankbar und nie beleidigt oder schlecht

Schlank und dynamisch.

gelaunt. Seinen Herrn beansprucht er in einer ruhigen Stunde ganz für sich und entpuppt sich als zärtlicher Schmusehund. Mit seinen großen, mandelförmigen Augen folgt er jeder Regung seines Herrn und reagiert auf die geringste Geste oder ein leises Wort.

Sein Lachen, wenn er um die Gunst seines Herrn bettelt, ist umwerfend komisch und direkt anstekkend. Dabei entblößt er sein kräftiges Gebiß, stellt die Ohren nach vorn und blinzelt verschmitzt. Überhaupt hat er einen Hang zur Clownerie und verlockt mit Tricks und Finten zum Spielen. Sicher ist dies ein Erbteil seiner Urmutter, der Foxin. In Sprung und Lauf zeigt er die geschmeidige und elastische Bewegung des Griffon. Das elegante Muskelspiel ist bei den Kurzhaarigen deutlich sichtbar. Man kann fast anatomische Studien treiben, so klar zeichnen sich die Muskelpartien unter der straffen Haut ab. Springen oder Treppenlaufen machen daher keine Schwierigkeiten; auch den dritten oder vierten Stock einer Stadtwohnung bewältigt er mühelos, selbst in vorgerücktem Alter. Die durchschnittliche Lebensdauer beträgt etwa zwölf bis fünfzehn Jahre. So lange bleibt Ihr treuer Partner gesund und gutgelaunt.

Ein lebhafter Begleiter

Den täglichen langen Spaziergang braucht der lebhafte Kromfohrländer genau so nötig wie sein Herr. Mit Freudengebell stürzt er hinaus in das große Abenteuer der Freiheit. Er ist ein unermüdlicher Läufer und hält mit seinem ausgreifenden Trab oder rasanten Galopp jede Wanderung stundenlang durch.
Ein guttrainierter Kromfohrländer läuft bis zu 50 km mit einem Islandpony mit. Neben dem Fahrrad gibt er das Tempo an. Den normalen Spaziergang benutzt er zu ausgiebigem Stöbern. Nicht das Wildern ist gemeint, bei dem der Hund auf Nimmerwiedersehen verschwindet, um einer Fährte zu folgen. Der Kromfohrländer zeigt keine Jagdleidenschaft. Aber ein gesunder Hundeinstinkt ist ihm eigen. Er schnuppert an Wegrändern nach Duftmarken, interessiert sich für Stöckchen und Blätter, schaut in die Mauselöcher und begutachtet Kaninchenfährten. Doch niemals verfolgt er eine Spur, niemals entfernt er sich weiter als hundert Meter von seinem Herrn. Das macht ihn zum zuverlässigen Begleithund. Auch in finsterer Nacht bleibt er bei Ihnen, und zeigt Ihnen mit seinem weißleuchtenden Fell den Weg. Er ist kein Wühler und Buddler. Läßt man ihn zu kurzem Auslauf in den Garten, so geht er in sein Hundeeckchen und wartet nach verrichteter Notdurft geduldig vor der Haustür, um wieder hereingelassen zu werden.

Ein sicherer Verkehrsteilnehmer

Sein gut angepaßtes Verhalten zeigt er auch in der Stadt, wo er an jeder Verkehrsampel brav absitzt. Man hat schon mal einen Kromfohrländer

Was soll der Quatsch mit Yoga?

an der Verkehrsampel vergessen und ihn erst nach Stunden dort wieder abgeholt.
Korrekt ist sein Verhalten ohne Leine. Anders ist sein Benehmen, wenn er an der Leine geführt wird. Wie viele Hunde anderer Rassen – selbst der Chow-Chow – nimmt er Beschützerhaltung ein, sobald er angeleint geht. Kaum naht ein Artgenosse, dann sträubt er das Nackenfell, die Rute geht

Geht's da runter?

steil in die Höhe, und im Stechschritt wird Stärke signalisiert. Das mag einem gesunden Instinktverhalten entsprechen, ist aber keinesfalls erwünscht. Hier muß Erziehung einsetzen, worüber später zu sprechen sein wird. Ihr Hund braucht nicht durch Aggressivität aufzufallen; er sieht auffällig genug aus.

Ein auffälliger Typ

Der lustige, weiße Hund mit den braunen Abzeichen, mit der munter erhobenen Rute, dem lebhaften Ohrenspiel und den freundlichen dunklen Augen erregt überall Aufmerksamkeit. Bei seinem Anblick muß man unwillkürlich lächeln, und manch einer fragt: »Was ist das für ein Mischling?« Ein Mischling mit Stammbaum, werden Sie sagen. Die ganze Urwüchsigkeit eines Hundemischlings hat er, aber unzweifelhaft Einiges mehr. Sein flüssiger, vorgreifender Schritt zeugt von Kraft und Energie; sein Ausdruck beweist Intelligenz. Er verleugnet nicht seine edle Abstammung.

Sieht man mehrere Kromfohrländer beieinander, zum Beispiel auf den Clubtreffen, so weisen alle die gleiche selbstbewußte Haltung, die gleiche Harmonie der Bewegung und das gleiche beherrschte Temperament auf. Erstaunlich ist es, wie jeder Hund hierzu noch seine spezielle Eigenart entwickelt. Da gibt es die Sanften, die Sportlichen, die Selbstbewußten, die Zärtlichen, die häuslich Anhänglichen, die Robusten. Das Gemüt eines jeden läßt rückschließen auf die seelische Verfassung seines Herrn. Denn der Kromfohrländer paßt sich exakt dem Wesen seines Herrn an.

Ein stolzer Glatthaarrüde.

Standard

Der Standard für Kromfohrländer ist aufgestellt nach dem sogenannten Monaco-Schema, mit welchem in den sechziger Jahren von der FCI eine Vereinheitlichung der Rassestandards angestrebt wurde. Das Modell für eine ausführliche Beschreibung von Hunderassen wurde in Monaco von Hundeverbänden erarbeitet. Es datiert für den Kromfohrländer vom 7./8. April 1967. Diese ausführliche und umständliche Beschreibung der Rassemerkmale wurde mitsamt einer englischen, französischen und spanischen Übersetzung bei der Fédération Internationale Cynologique in Brüssel hinterlegt, wo es bis in die achtziger Jahre schlummerte. Ein wesentlich kürzerer, gestraffter Standard über die Rassekennzeichen der Kromfohrländer datiert von 1968, wahrscheinlich am 10. März in Siegen erstellt.

Standardprobleme

Seit der Anerkennung der Kromfohrländer in 1955 unter dem offiziellen Standard ist er also gleichwertiges Mitglied in dem großen Kreis der Rassehunde. Es soll 165 anerkannte Rassen geben; optisch eine unüberschaubare Menge. Betrachtet man die Rassen genauer, so gehören ganze Gruppen zusammen. Allein an Terriern gibt es 26 Einzelrassen. Und ebenso bei den Schnauzern und bei den Pudeln. Die Zahl der Hunde, die in etlichen Vereinen bis zu 80 000 zählen, ermöglicht es, die Variationen einer Rasse getrennt und eigenständig zu führen. Auch erleichtern die oft uralten Blutlinien, die Varietäten züchterisch herauszuarbeiten. Die Schwierigkeit bei der Zucht des Kromfohrländers ist in der geringen Anzahl der Hunde begründet. Es gibt etwa 1000 Hunde dieser Rasse, von denen schon etliche in den ewigen Jagdgründen ein seeliges Hundedasein füh-

Harmonie im Körperbau.

ren. In Finnland sollen es an die 500 sein, in Deutschland und der Schweiz existiert etwa die gleiche Menge.

Auf dieser schmalen Basis wird ein gesunder und wesensfester Hund gezüchtet, der im Erscheinungsbild noch Abweichungen aufweist. Vielleicht macht das sogar seinen Charme aus; daß er noch kein Schablonenhund ist. Der Standard von 1967 trägt diesem Umstand Rechnung. Er erlaubt Varietäten, die definiert werden als Rauhhaar/Glatthaar, bevorzugt mittellang. Das läßt genügend Spielraum für kleine Abweichungen. Was bedeutet zum Beispiel mittellang? Reicht das Haar bis zum Knie, trägt der Hund kniefrei, oder bleibt das Knie bedeckt? Unter mittellang versteht man eine Haarlänge von 4 bis 5 cm, wichtig ist die feste Qualität des Oberhaares und die dichte Unterwolle.

Rassekennzeichen

Standardkurzfassung mit Kommentar

Gesamterscheinung. Eleganter, mittelgroßer, im Rücken etwas länger als schulterhoch erscheinender Hund mit weißem, von braunen Flecken verschiedener Tönung durchsetztem Haar.
Elegant meint hier die ausgeglichenen Proportionen etwa nach dem Goldenen Schnitt. Er sieht aus wie ein verkleinerter Jagdhund, um 42 cm hoch. Er bewegt sich flüssig in Trab und Galopp.

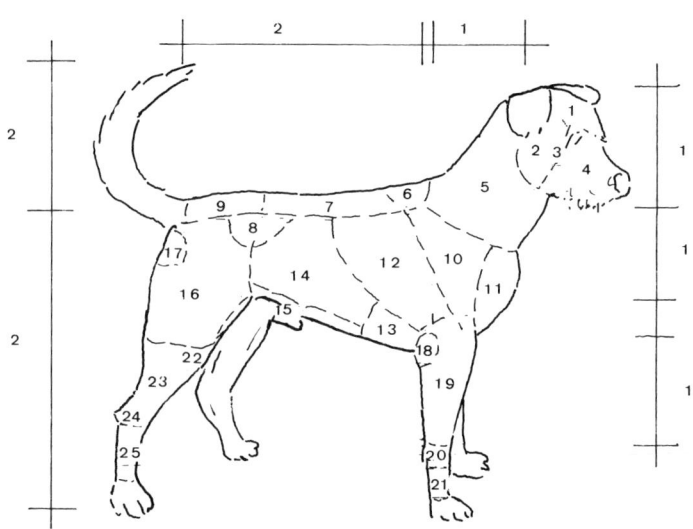

Körper

1 Oberkopf
2 Wangenpartie
3 Augenregion
4 Vorgesicht
5 Hals
6 Widerrist
7 Rücken
8 Lende (Nierenpartie)
9 Kruppe
10 Schulter
11 Vorbrust
12 Seitliche Brust
13 Untere Brust
14 Flanke
15 Bauch
16 Oberschenkel
17 Sitzbeinhöcker
18 Ellbogen
19 Unterarm
20 Vorderfußwurzelgelenk
21 Vorderfußmittelfuß
22 Knie
23 Unterschenkel
24 Sprunggelenk
25 Hintermittelfuß

Wesen. Temperamentvoll, anhänglicher treuer Begleiter seines Herrn und vorzüglicher Wächter für Haus und Hof.
In der Monaco-Fassung wird der Kromfohrländer noch als Schutzhund bezeichnet. Das ist zwar zutreffend, bedingt allerdings das Ablegen einer Schutzhundprüfung. Wer die Ausbildung zum Schutzhund einmal miterlebt hat, wird die Bedenken dagegen verstehen. Es ist nicht unser Zuchtziel, einen scharfen Hund aufzubauen. Der Kromfohrländer ist zum Begleithund ideal geeignet und füllt diesen Platz im modernen Leben völlig aus. Mit Leichtigkeit absolviert er auf den Trainingsplätzen das Pensum für die Begleithundprüfung. Man kann nur staunen, wieviel Spaß ihm das bereitet und in wie kurzer Zeit er seine Vokabeln gelernt hat.

Einzelheiten des Standards

Kopf. Stumpf, keilförmig, mit geringem Stirnabsatz. Die Backen sind flach bemuskelt.
Stumpfkeilförmig meint, daß sich der Gesichtsschädel vom Hirnschädel her gleichmäßig verjüngt ohne drohende Stirnwülste oder eingefallenen Oberkiefer.
Gebiß. Kräftiges, lückenloses Scheren- oder Zangengebiß.
Hierzu ist wenig zu sagen. Ein lückenloses und fehlerfreies Gebiß wird in jedem Standard gefordert.
Augen. Dunkel oder braun, mandelförmig und etwas schräg gestellt, mit lebhaftem und freundlichem Ausdruck.
Diese erstaunlichen Augen sind es, die sofort Sympathie wecken. Es ist nicht das scharfe Terrierauge und nicht das Porzellanauge der kleinen Apfelköpfigen. Die aparte Stellung und Form signalisieren beides: Wärme und Feuer.
Ohren. Hochangesetzt, dreieckig, abgerundete Spitzen.
Es ist kein Hängeohr und kein Stehohr. Es soll ein anliegendes Kippohr sein, wobei ein Drittel ab Ansatz steht und beweglich ist, zwei Drittel hängen. Das Ohrenspiel ist lebhaft und ausdrucksvoll.
Hals. Kräftig, mittelmäßig lang, leicht gebogen und trocken.
Mittels dieser Konstruktion trägt der Hund den Kopf fröhlich erhoben.
Rücken. Gerade und kräftig.

Ein gut angedeuteter Widerrist, die starke Bemuskelung der Lendenpartie und die leicht abneigende Kruppe vermitteln den Eindruck lebhafter Beweglichkeit.
Brust. Ovaler Querschnitt. Sie reicht bis zu den Ellenbogen hinab und geht in den mäßig aufgezogenen Bauch über.
Die deutlich ausgearbeitete Vorderbrust wirkt ein bißchen wie der Kiel eines Schiffes. Sie strebt voran und betont den ausgreifenden Schritt.
Schulter und Vorderläufe. Schultern leicht schräggestellt. Ober- und Unterarm von allen Seiten gesehen senkrecht. Pfoten kurz, rundlich, geschlossen.
Der Ausdruck senkrecht ist unzutreffend. Zwischen Oberarm und Unterarm besteht eine Winkelung. Die runden, geschlossenen Pfoten – im Gegensatz zu Hasenpfoten – fallen besonders beim Rauhhaartyp auf.
Hinterhand. Keulen leicht schräg gestellt und flach, aber kräftig bemuskelt. Oberschenkel etwa senkrecht bis zum Knie, vom Knie bis zum Sprunggelenk etwa mit der Verlängerung der Halslinie gleichlaufend, vom Sprunggelenk senkrecht zum Boden.
Diese Feinheiten der optischen Parallelen, der Winkelungen und Senkrechten kann man beim Kromfohrländer selten in Muße studieren. Dafür ist er viel zu lebhaft. Die Bewegungsabläufe des Hundes bestätigen diese Beschreibung.
Rute. Hochangesetzte unkupierte Hängerute, hochgetragene bis leichte Ringelrute zulässig.
Der heutige Kromfohrländer trägt eine stolze Säbelrute. Eine verdrossene Hängerute zeigt er allenfalls mal bei Hundeausstellungen im Ring, wenn das Richten allzulange dauert. Die Ringelrute kommt häufiger vor als erwünscht, und ist noch ein lustiger Atavismus.
Größe. 38 bis 46 cm.
Die Hündinnen sind deutlich niedriger als die Rüden und im Bau zierlicher. Wieweit das Wesen differiert, läßt sich schwer abgrenzen. Hündinnen sind halt mehr feminin, die Rüden deutlich maskulin. Es gibt aber auch neutrale Typen, was wesentlich von der Haltung abhängt.
Haar. Kurz oder länger, oder straffes Rauhhaar; je nach Haarkleid Bartansatz.
Das Mittelrauhhaar sollte das erwünschte Zuchtziel sein. In der geänderten Standardfassung von 1986 heißt es jetzt:

Typus. Zwei verschiedene Varietäten, die sich durch die Haarkondition ergeben: Rauhhaar/Glatthaar.
Haarkleid. Rauhhaar/Glatthaar, bevorzugt mittellang.
Hier sollte unbedingt die Qualität des Haares genauer beschrieben werden, wie es im Standard von 1967 auch geschieht. Das Haar ist fest, schmutzabstoßend und hat dichte Unterwolle. Andere Rassen besitzen nicht dieses ideale Haarkleid, das dem Kromfohrländer die Feld-, Wald- und Wieseneignung verleiht.
Farbe. Reinweiß mit braunen Flecken verschiedener Tönung an den Ohren, Augen (Blesse), an Oberkopf und Rücken. Sattel durch weiße Streifen geteilt bevorzugt. Etwas abweichende Farbe zulässig.

Vorzügliche Rutenhaltung (Finne).

Hierzu ist zu bemerken, daß die braunen Flecken eigentlich Abzeichen heißen und den Schecken charakterisieren. Es bedarf keiner besonderen Betonung, daß ein Hund mit weißem Kopf kein Schecke mehr ist.
Unerwünschtes, das den Formenwert »Vorzüglich« ausschließt: Fehlen der braunen Abzeichen an den Ohren, Augen und am Oberkopf, zu blasse Abzeichen. Fehler, die von jeder Formbewertung ausschließen: Monorchismus, Kryptorchismus, Fehlen der Abzeichen auf dem Rücken. Fehlen von mehr als zwei Molaren. Fehlen von mehr als drei Prämolaren. Vorbeißer, Unterbeißer.
Dies sind Fehler (bis auf die Rückenzeichnung), die bei jeder Rasse sowohl von einer Prämierung wie auch von der Zuchtverwendung ausschließen.

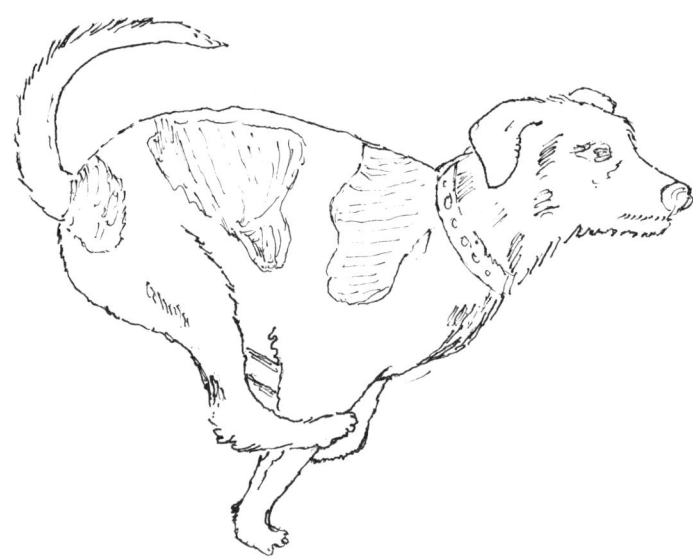

Wer kann noch schöner spurten?

Wahl eines Kromfohrländers

Wer einen mittelgroßen, lustigen, gehorsamen, intelligenten, nichtjagenden, sportlichen, liebevollen Hund braucht, der sollte einen Kromfohrländer wählen. Dieser Hund ist mit seiner zurückhaltenden Wachsamkeit und seiner unaufdringlichen Zärtlichkeit angepaßt an die Forderungen des modernen Lebens. Durch seine mittlere Größe, er reicht mit dem Kopf etwa in Kniehöhe, ist er doch Hund genug, um nicht übersehen zu werden. Er ist wiederum so wenig raumfüllend, daß man ihn noch überall unterbringen kann: in der Wohnung, im Auto oder unter dem Stuhl im Lokal.
Mit seinem leuchtend weißbunten Haarkleid, seiner anspruchslosen Pflege, bringt er alle Voraussetzungen für eine bequeme Handhabung mit. Diese Hinweise klingen ein bißchen nach Reklame wie für den Kauf eines Gebrauchsgegenstandes. Tatsächlich sollte die Wahl eines Tieres von dem Gedanken bestimmt sein, welchem Zweck das Tier dienen soll. Zum Reiten braucht man ein Pferd, zum Braten ein Kaninchen. Als Partner kann man einen Hund brauchen. Wählt man die wunschgerechte Rasse, so wird ein langer Lebensabschnitt glückvoll bereichert.

Informationen

Die Rassehundvereine profilieren ihre Hunde mittels Standard auf Ausstellungen und natürlich in Gesprächen mit Interessenten. Es gibt eine Menge guter Bücher zu diesem Thema. Unsere junge Rasse wird da aber zum Teil auch recht widersprüchlich beschrieben. Bei einem Gespräch mit unseren Züchtern lassen sich Fehlinformationen rasch aufklären. Manche Begriffe sind ja vieldeutig.
Was zum Beispiel ist ein kinderfreundlicher Hund? Der Kromfohrländer ist kinderfreundlich, weil er sehr rücksichtsvoll ist. Er ist aber kein Spiel-

hund, wie vielleicht ein Bernhardiner oder ein Boxer. Ist er ein Familienhund? Seinem natürlichen Rudelverhalten gemäß ist er ein integriertes Familienmitglied, gegen newcomer jedoch zurückhaltend bis wachsam. Niemals wird er ein »Jedermanns-Hund«, den Jedermann streicheln kann. Er ist kein Partylöwe, der jeden Fremden überschwenglich begrüßt nach dem Motto: Hauptsache ein neues Gesicht! Darüber muß der Käufer eines Kromfohrländers genau informiert werden, um spätere Enttäuschung zu vermeiden.

Termine

Diese allgemeinen Bemerkungen zur Wahl eines Kromfohrländers werden schon im Vorgespräch mit Interessenten geführt. Bleibt der Wunsch nach einem solchen Hund, dann fangen die Einzelüberlegungen an. »Auf keinen Fall wollen wir einen Weihnachtshund«, sagt der zukünftige Besitzer. Das ist richtig, so steht es in den klugen Büchern mit vielerlei

Ich bin sehr kinderlieb.

Aspa vom Hahnhof.

logischen Begründungen. Doch ist dies eine der wenigen Forderungen, die der Kromfohrländer nicht erfüllen wird. Die Hitze der Hündinnen fällt nun mal ins Frühjahr und in den Herbst. Offenbar haben sich diese Daten im Laufe der Evolution bewährt. Also werden die Welpen mit zehn Wochen abgegeben zu den Großen Ferien und zu Weihnachten. Soll es nun ein Sommerhündchen sein oder ein Winterhund, stellt sich die nächste Frage. Für den neuen Herrn mag der Sommer verlockender scheinen. Bei schönem Wetter führt man den Hund lieber aus, als bei Regen. Als wäre es in unseren Breiten im Sommer nicht ebenso regnerisch wie im Winter. Vom physischen – biologischen Standpunkt aus ist die Kondition der Mutterhündin nach einem sonnenwarmen Sommer wohl besser als zum Frühjahr hin nach einem nassen Winter.

Vorzügliche Tischmanieren.

Erfahrene Züchter wie Räber et al. haben keinen Unterschied bei sommerlichen und winterlichen Würfen feststellen können. Die gesunde und robuste Natur des Kromfohrländers im speziellen bringt keine Probleme. Die Welpen werden ab der sechsten Woche an frische Luft gewöhnt, sie tollen ebenso gern im Schnee wie auf grünem Rasen. Gegen Nässe sind sie unempfindlich, soweit sie nicht bis auf die Haut dringt. Ja, man hat den Eindruck, daß die rauhe Witterung ihr Haarkleid und ihre Fußsohlen fester werden läßt.

Wem Regen-Rallyes nicht behagen, sollte dies im voraus deutlich machen. Es gibt auch Kromfohrländer, die das nicht schätzen; es hängt vom Typ ab.

Auswahl

Aufgabe des Züchters ist es, den passenden Hund zu vermitteln. Er kennt seine Welpen vom ersten Tage an. Bereits während der Trächtigkeit zeigen sich Unterschiede im Temperament der Föten. Gleich nach dem Werfen sieht man deutliche Unterschiede im Verhalten. Da stürmen die Alphatypen wie die Schlangen zum Gesäuge und erobern sich ihren Platz. Die bescheiden Beharrlichen sichern sich ihr Plätzchen nach einem gemächlichen Lauf vom Schwanz der Mutter bis zum Bauch mit den warmen Milchquellen. Die Haarqualität und die Farbtönung sind anfänglich nur vom erfahrenen Züchter zu beurteilen. Die Abzeichen sind deutlich erkennbar, die hellen Flecken dunkeln nach, die dunkleren hellen auf. Dieses Phänomen findet man bei vielen Rassen, bei Dalmatinern, bei Bassets, und es ist ja auch von Pferden oder Kaninchen bekannt. Erst ab der sechsten Woche kann man die Varietät mit Sicherheit bestimmen, das heißt, ob der Welpe rauhhaarig – bärtig ist oder Glatthaar – bartlos.

Zwei Glatthaardamen.

Prägungsphase

Die vielbesprochene Prägungsphase beginnt bei der Geburt. In ständigem Handkontakt mit dem Züchter und dauerndem Lärmkontakt mit der Familie nimmt der Welpe den Mensch als Bestandteil seiner Umgebung an. Die ersten Besucher kommen ab der zweiten Woche. Dann sind die Äuglein der Kleinen eben geöffnet, sie blinzeln noch ziellos ins Licht, aber der Geruchssinn ist schon recht gut ausgebildet. Die entscheidende Wahl des Welpen trifft man am günstigsten in der sechsten Woche. Da kann das kleine Wesen schon fremde Gerüche unterscheiden. Es wendet sich dem zu, der ihm sympathisch riecht. Immer wieder bestätigt sich die Beobachtung, daß der Welpe den Herrn aussucht, und nicht umgekehrt.
Ist nun die Wahl zu allseitiger Zufriedenheit getroffen worden, dann empfiehlt es sich, die Besuche beim Züchter zu wiederholen. Der Welpe wird von Woche zu Woche den neuen Herrn freudiger begrüßen und sich an ihn gewöhnen. Die Entwicklung in dieser Zeit zu beobachten, bringt viel Freude und manch interessante Erkenntnis. Hund und Herr stellen sich aufeinander ein, Fragen der Pflege und der Erziehung werden vor Ort besprochen. In der zehnten Woche endlich beginnt das große Abenteuer. Der Welpe ist entwöhnt, durchgeimpft und schon fast stubenrein. Autofahren ist ihm nicht mehr fremd; er kennt die notwendigsten menschlichen Vokabeln, wie den Lockruf zum Fressen, den Aufruf zum Laufen, mehr oder weniger sicher hört er auf seinen Namen. Der Tag des Abschieds vom Zwinger beginnt mit Fasten. Vor der großen Reise bekommt er kein Fressen. Aus zweierlei Gründen: Mit leerem Magen übersteht er leichter die eventuelle Reisekrankheit und in dem neuen Heim erwartet ihn ein herrliches Freßchen.

Der Neue

Der erste Tag

Nun ist der neue Hund in seinem neuen Heim. Von all den Aufregungen des Abschiedes, der Reise und den vielen Gerüchen ist sein Radarsystem aufs höchste angespannt. Er wird die fremde Umgebung genau erfor-

Müde nach dem Spiel.

schen wollen. Dazu braucht er Muße. Unklug wäre es, jetzt gleich mit ihm zu spielen. Vom ersten Tag an muß er lernen, was erlaubt ist und was nicht gewünscht wird. Zimmer, die er nicht betreten soll, bleiben geschlossen. Sofas, die er nicht benutzen soll, braucht er gar nicht erst auszuprobieren. Sein Körbchen wird ihm angewiesen. Kaum springt er hinein, so geben Sie ihm das Kommando: »Geh Platz!«, oder wie immer Sie das formulieren wollen. Sie loben ihn und streicheln ihn. Sofort springt er hinaus, und Sie kommandieren: »Komm schön!« Versuchen Sie nicht, ihn nochmal hineinzukommandieren. Er hat jetzt Wichtigeres zu tun. Rennt er zur Futterschüssel, so heißt es: »Freßchen!«.
Schnell begreift er, was Sie wünschen, wenn Sie ihn positiv leiten. Die Verbote sollen nur ganz sparsam in der ersten Zeit erfolgen. Rufen Sie Ihren Kobold nicht, wenn er gerade fortläuft. Er assoziiert Befehl und Tätigkeit direkt ohne kritische Überlegung. Er möchte ja lernen und Ihnen zu Gefallen sein, nur Sie müssen es ihm konsequent klarmachen. Ein Kromfohrländer ist bereits als zehnwöchiger Hund ein fertiger, kleiner Geselle hinsichtlich seiner Verstehensmöglichkeit. Sein Gehirn ist voll angelegt, seine Gehirnwindungen sind gut ausgebildet. Das Gedächtnis eines Kromfohrländers befähigt ihn, schnell und gründlich zu lernen.

Die erste Nacht

Wichtig ist nun die erste Nacht. Der Welpe schläft schon in der ersten Nacht nach den vielen neuen Eindrücken glücklich und erschöpft in seinem Körbchen. Als Zugeständnis an die Vereinsamung des kleinen Wesens, das nicht mehr die Wärme seiner Geschwister spürt, sollte der Korb in Ihrer Ruf- oder Reichweite stehen.
Nehmen Sie den Winzling in der ersten Nacht mitleidsvoll in Ihr eigenes Bett, so wird er dieses Privileg nie vergessen und es noch wochenlang beanspruchen.

Das erste timing

Der erste Weg am nächsten Morgen führt in den Garten für das kleine Geschäftchen. Zögern Sie keinen Moment, der Welpe hat es nämlich

eilig. Grundsätzlich ist er schon stubenrein, auch wenn ihm in den Anfangstagen noch ein Malheur passiert. Der Futterplan, den der Züchter mitgegeben hatte, wird nun pünktlich eingehalten. Nach und nach gleichen Sie ihn Ihrem Tageslauf an. Im Haus gewährt man dem Hund, so lange er klein ist, seine Spielstunden. Achten Sie aber darauf, sein natürliches Schlafbedürfnis nicht zu stören. Der Hund schläft bis zu 18 Stunden am Tag, weil er nicht in Tiefschlaf versinkt, sondern immer noch wachsam reagiert. Von seiner Welpenzeit her kennt er lange Ruhepausen. Diese sollte er beibehalten, dann wird er es nicht als störend empfinden, wenn Herrchen seiner Arbeit nachgeht. Gönnen Sie ihm seinen »Büroschlaf«!
Auch ans Alleinsein darf er sich von Anfang an gewöhnen, erst nur ein

Der kleine Dicke wird eingekreist.

paar Minuten, dann längere Zeiten. Der erwachsene Kromfohrländer weiß genau, wann sein Herr zu arbeiten hat und kann unbedenklich vier bis fünf Stunden allein verbringen. Voraussetzung ist immer der ausreichende Auslauf, weil er die Bewegung nicht nur liebt, sondern auch braucht. Der Hund soll und wird sich anpassen an Ihr timing.

Die erste Erziehung

Mit sorgfältiger Beobachtung lernen Sie bald, seine Signale zu erkennen. Machen Sie nicht den Fehler wie die bekannte kleine Maus, die dachte: »Einmal ist keinmal«, und schon saß sie in der Falle. Lehnen Sie geduldig seine tricksigen Versuche ab, bei Tisch zu betteln, zu unpassender Zeit zu schmusen oder wie ein Wilder an Ihnen hochzuspringen. Loben Sie ihn, wenn er Alarm bellt, aber verweisen Sie ihm unnötiges Kläffen. An Strafen genügt ein festes Wort, ein energisches Schütteln am Nackenfell, auch der erhobene Zeigefinger wird respektiert. Würde ein Kromfohrländer geprügelt, so würde sein Stolz für immer gebrochen sein. Konsequent müssen Sie bleiben. Das spielerische Beißenlassen an Ihren Fingern ist keine gute Erziehungsmethode. Von Natur her hat der Hund eine Beißhemmung, diese Reizschwelle darf auch nicht im Spaß überschritten werden. Der Welpe weiß noch nicht, daß Sie kein Fell haben wie seine Geschwister, mit denen er so herrlich balgen konnte.
Erstaunlich scharf sind seine Milchzähnchen. Bei beginnendem Zahnwechsel um den vierten Monat versucht er, den lästigen Juckreiz am Körbchenrand zu mildern. Ein leichter Anstrich des Randgeflechtes mit Senf verleidet ihm sicher die Knabberei. Er kann sich mit seinem Beißknochen trösten. Das ewige Anknabbern und Beschädigen von Teppichen und Möbeln ist sowieso nicht üblich für ihn. Bei diesem Thema sei nochmals auf sein nichtjagdliches Verhalten verwiesen. Er schüttelt sein Deckchen, wie er seine Beute schütteln würde, um ihr das Genick zu brechen. Niemals schneidet er die Beute an. Allenfalls legt er Ihnen eine erwischte Maus vor die Füße. Weg mit der Maus und kein Lob! Sie wollen doch keinen Jagdhund ausbilden. Ein Stöckchen kann er apportieren, das freut Herrn wie Hund. Auch zum Torhüter eignet er sich bestens, der Gegner wird mit null Toren heimziehen.

Mit zehn Wochen ist man sehr neugierig.

Die erste Leinenführung

Sein Bewegungsdrang ist grenzenlos, kein Spaziergang zu weit. Als Leine ist die kurze empfehlenswert. Damit geht er bei Fuß und gewöhnt sich an Disziplin. Eine lange Laufleine gäbe ihm tolle Möglichkeiten, Riesenhunde oder Fahrräder, Jogger oder treibende Blätter zu attackieren. Bis die Leine eingeholt wäre, hätte er blitzschnell Unfug gemacht. Freilaufend zeigt er sich von seiner besten Seite. Er schließt Freundschaften, beachtet den Verkehr und läßt sich immer von allem abrufen. Bei Gefahr wird er wieder angeleint. Das schätzt er keineswegs und behindert die Aktion so gut er kann. Er zieht alle Beine ein und robbt auf dem Bauch herum. Dann springt er hilfsbereit seinem Herrn ins Gesicht. Er wirft den Kopf hin und her und hat das Kommando »Sitz« total vergessen. Üben heißt es nun, immer wieder üben und nicht erst im kritischen Augenblick in Panik ausbrechen. Alle Ihre pädagogischen Talente und Ihren schlummernden Ehrgeiz können Sie in Ihren Kromfohrländer investieren, um die volle Bandbreite seiner Begabung zu entdecken, zu wecken und zu fördern.

Egal, wie Sie Ihren Hund erziehen, erziehen Sie ihn konsequent. Am besten wird er gedeihen nach dem Motto vom alten Turnvater Jahn: »Frisch, Fromm, Fröhlich, Frei!«.

Typischer Kopf, rauhhaar.

Gesundheit

Umweltbelastung

Durch mannigfache chemische Vorschädigung ist die Krankheitsanfälligkeit aller Lebewesen größer geworden. Die Umweltbelastung wirkt sich auch bei unseren Haustieren aus. Um dieser Anfälligkeit vorzubeugen, gibt es vielerlei Möglichkeiten. Natürlich steht an erster Stelle die gesunde Ernährung. Der Kromfohrländer gedeiht am besten bei einer hausgemachten Frischkost: ein Drittel Gemüse, ein Drittel Fleisch, ein Drittel Stärke.
Das Gemüse gibt man roh oder gekocht, das Fleisch vom Rind, die Stärke als Kartoffeln, Reis, Nudeln oder Flocken. Nicht erst beim Welpen fängt die Ernährung an, bereits die Mutterhündin wird sorgfältig gefüttert und bekommt Zusätze von Kalk, Spurenelementen und Vitaminen.

Vorsorge

Die homöopathischen Mittel aus den Kräutern der Natur bieten ganz hervorragende Möglichkeiten der Gesundheitsvorsorge. Ohne daß ein Hund im eigentlichen Sinne krank sein muß, helfen die homöopathischen Mittel, die gesunden Organfunktionen zu stärken und auszugleichen. Das Spezial Skrofulose Pulver zum Beispiel fördert Blut- und Knochenbildung der Föten und bringt freßlustige und lebhafte Welpen. Milchbildungstropfen vermeiden Säugeschwierigkeiten in der Stillphase. Das Werfen geht problemlos mit kleinen Gaben von Pulsatilla D3, welches ein ausgezeichnetes Wehenmittel ist. Treten starke Blutungen in der Nachgeburtszeit auf, werden sie mit Cinnamomum oder Capsella sistiert.

Die Schöne und der Fotograf.

Erfahrungsgemäß müssen die trächtige Hündin und später auch die Welpen entwurmt werden. Oft gibt es dabei einen ärgerlichen Durchfall. Den vermeidet man wieder mit homöopathischen Tropfen, die den empfindlichen Darm stärken und zudem die erneute Einnistung von Wurmeiern verhindern. Die Umweltstäube sind ja voll von Sporen, Viren und Bakterien, aber eine gesunde Schleimhaut nimmt sie gar nicht an. Das Impfen der Tiere gegen Parvovirose, Leptospirose, Hepatitis etc. ist eine unbestrittene Notwendigkeit. Oft erlebt man unliebsame Nebenwirkungen, die sich mit Durchfall, Triefnase und Freßunlust äußern. Verabreicht man gleichzeitig für einige Tage Traumeel-Tropfen, so läuft die Immunisierung ohne Beschwerden ab, weil die Homöopathie ausleitend und entgiftend wirkt, ohne den Immunprozeß zu beeinträchtigen.

Was gibt es heute?

Erkrankungen

Man muß nicht Medizin studiert haben, um zu sehen, wenn ein Hündchen krank ist. Eine blasse, dünne Zunge bedeutet Blutarmut. Blutbildende Tropfen bietet die Homöopathie in reicher Auswahl. Das niedliche Kratzen in den Ohren deutet auf Reizung in den Gehörgängen. Stäuben Sie die Ohren mit Boraxpulver ein, aber bohren Sie nicht mit Wattestäbchen darin herum.
Auch sonst kratzen sich die Hunde unvermutet. Die Ursachen sind ganz unterschiedlicher Art. Finden sich kleine Hautverletzungen, dann hilft Traummeel-Salbe oder eine Lebertranwundsalbe. Gegen Flohbefall stäuben Sie das Hundekörbchen mit Flohpulver aus. Das genügt, weil die

Flöhe meist auf der warmen Bauchunterseite hausen und so der Wirkung des Insektizides voll ausgesetzt werden. Gegen Zeckenbefall kann der Hund ein Zeckenhalsband tragen. Das Imprägnierungsmittel wirkt durch Verdunstung, reizt auch die Nasenschleimhaut und soll daher nur im Freien angelegt werden. Die einzelne Zecke wird aus der Haut nach rechts herausgedreht, nachdem man sie mit einigen Tropfen Petroleum oder ähnlichem betäubt hat.

Schwieriger erweist sich die Behandlung bei den sogenannten Ekzemen. Vom Milbenbefall bis zur Fetträude reicht die Auswahl der Ursachen. Immer ist hier neben der äußerlichen auch eine innerliche Behandlung notwendig. Unsere Kromfohrländer gehören allerdings zu den ekzemfreien Hunderassen. Ihr Fell und ihre Haut sind unempfindlich gegen Parasitenbefall. Veterinärphysiologische Untersuchungen ergaben einen optimalen pH-Wert der Haut als ausschlaggebenden Faktor. Allzu häufiges Bürsten ist vielleicht auch Schuld an Hautproblemen, weil kleinste Hautverletzungen die Eingangspforte für Schädlinge öffnen. Vieles Waschen zerstört die Glückshaut, wußten schon die alten Mongolen zu berichten.

Wenn im Winter der Auslauf über salzbestreute Straßen führt, müssen die Pfoten natürlich gewaschen und mit Vaseline oder Ballistol-Öl eingefettet werden. Zeigen sich Risse in den Zehenballen, so weist das auf eine innere Störung hin, die mit Graphites D8 zu behandeln ist. Mit einigen Gaben von Pyrogenium D 30 vermeidet man Wundkomplikationen. Gute Hilfe leistet Rhus toxicodendron, wenn sich der Hund versprungen hat und lahmt. Gegen die Unruhe des alten Hundes, der nächtlich umhertappt, gebe man Arsenicum D 30. Schon die nächste Nacht schläft er ruhig durch.

Psychologie

Ein ungemein interessantes Thema, das bisher nur den Psychologen vorbehalten blieb, betrifft die Verhaltensstörungen des Hundes. Die Kromfohrländer mit ihrem lebhaften Wesen neigen in der Adoleszenz zu Temperamentsausbrüchen. Da heißt es dann, die Hündin ist nach der ersten Hitze tückisch; der Rüde wird, kaum einjährig, aggressiv; ein anderer zeigt typische Eifersucht. Meistens – vorausgesetzt eine gute Führung des Hundes – handelt es sich um übertriebene Gefühlsäußerungen, wie sie in den Flegeljahren vorkommen und als Selbstfindung interpretiert werden können. Diese Extravaganzen, der Widerstreit zwischen Anhänglichkeit und Selbstbewußtsein, sind keineswegs angenehm für den Herrn und Meister. Er sollte Bachblüten anwenden, eine besondere Art der homöopathischen Zubereitung. Sie wirken gegen Angst, Schock, Erschöpfung und vielerlei Zustände nervlicher Belastung. Die unausgeglichenen Flegel beruhigen sich, die kleine Seele wird harmonisiert, ohne den Charakter des Hundes zu verändern.

Dr. Eduard Bach empfiehlt, die Bachblüten-Essenzen nicht nur dem Patienten zu geben, sondern auch seiner Bezugsperson; Herr und Hund sind nämlich eine Einheit. Das gilt ganz besonders für den Kromfohrländer und seinen Besitzer.

Hausapotheke

Die Einnahme der homöopathischen Mittel ist denkbar einfach. Man gibt sie als Tropfen oder Perlchen dem Hund hinter die Lefzen, so daß sie von der Mundschleimhaut aufgesogen werden. Bei akuten Zuständen halbstündlich, oder stündlich, sonst dreimal täglich. Für frische Zustände wählt man die Potenz D 4, für chronische Störungen empfiehlt sich D 30 oder D 200.

Die Mittel wirken nicht eigentlich chemisch in diesen »Verdünnungen«, sondern eher physikalisch als Katalysatoren. Darin liegt ihre Ungefährlichkeit und, bei falscher Diagnose, auch ihre Unschädlichkeit begründet. Sie ermöglichen auch dem Laien, eine gezielte Gesundheitsvorsorge zu leisten. Da sie nicht in jeder Apotheke greifbar sind, sollte man einige Notfallmittel vorsorglich in der eigenen Hausapotheke bereit halten.

Kromfohrländer in der Meute

Einmannhund?

Als Einzelhund ordnet sich der Kromfohrländer problemlos in die Familie ein. Seine spontane Zuwendung gilt einer Person, er gewährt aber auch allen anderen Familienmitgliedern die Gunst seiner Zuneigung. Er läßt sich vom einen füttern, vom anderen ausführen; spielt mit den Kindern und respektiert die ganz Kleinen. Ohne Schwierigkeit akzeptiert er die wechselnden Situationen in einer lebhaften Familie. Doch seine Liebe gehört bedingungslos seinem erwählten Herrn.

Muß ich erst schimpfen?

Parade vor der Siegerlandhalle.

Meutehund?

Wenn glückliche Umstände es erlauben mehrere Kromfohrländer zu halten, dann stellt man mit Überraschung fest, daß sich auf der »unteren Ebene« eine feste Rangordnung herausbildet. Den Menschen gegenüber benehmen sich die Hunde wohlerzogen und gehorsam. Miteinander leben sie nach eigenen Regeln.
Was Eberhard Trummler und Erik Zimen in ihren Forschungsarbeiten vom Wildhund beziehungsweise Wolf berichten, beobachtet man auch in einer Kromfohrländer-Meute. Die Hunde verständigen sich mittels Körpersprache und Lautsprache. Die Autorin dieses Buches muß sich notgedrungen der menschlichen Sprache bedienen, um dies zu beschreiben. Es heißt aber nicht, den Hund zu vermenschlichen, wenn man seine subtilen Regungen in die verkümmerten menschlichen Reaktionen übersetzt.

Zeichensprache

Ein Kromfohrländerpaar verhält sich, wie sich Eheleute verhalten; mal gibt er den Ton an, mal ist sie führend. Sobald ein Dritter hinzukommt, wird ihm unmißverständlich seine Stellung klargemacht. Der Rüde knurrt, die Hündin stößt ihm mit der Nase in die Flanke. Das ist das Zeichen größter Verachtung. Der newcomer zieht den Schwanz ein, er beugt den Oberkörper und streckt die Pfoten, eine Geste wie »Hände hoch«. Genügt die Demutshaltung nicht, so wird er mit einem Schulterstoß geworfen und streckt auf dem Rücken liegend alle Viere von sich.

Die Aufforderung zum Spiel wird mit der gleichen Haltung eingeleitet, hierbei stößt der Hund mit den Pfoten mehrfach vor und jagt dann in wildem Galopp eine Runde. Während die Hündin das Spiel aufnimmt, zeigt der Rüde kein Interesse. Sollte das Spiel in Kampf ausarten, so geht er gelassen dazwischen und trennt die Balgenden. Schwanzwedelnd gehen sie auseinander und sagen deutlich: »War ja bloß ein Spiel!«.

Kindererziehung

Eine trächtige Hündin wird innerhalb der Meute in keiner Weise geschont. Fressen, Spiel und Auslauf finden wie gewohnt statt. Sobald aber der Wurf da ist, ändert sich die Rangordnung. Steckt der Rüde auch nur die Nase ins Welpenzimmer, so wird ihm von der Hündin mit Entblößen der Zähne bedeutet: »Scher dich raus!« Bekümmert zieht er ab. Erst nach sechs Wochen darf er seine Kinder beäugen und wird nun zur Erziehung hinzugezogen. Er hat für Ordnung und Frieden zu sorgen. Das Gerangel der Welpen, das Anspringen und Schwanzziehen erträgt er geduldig. Verkeilen sich die Welpen mit wildem Geknurre ineinander, dann tritt er lautlos dazwischen und trennt die Wüstlinge durch seine bloße Autorität. Die heranwachsenden Junghunde werden von der Mutter streng gehalten. Wer nicht gehorcht, wird am Nacken gebeutelt, muß sich werfen, wird am Bäuchlein gestupst und an der Kehle gewürgt. Den Auslaß aus der Haustür zum allgemeinen Spaziergang begleitet lärmendes Geläute. Als erste läuft die Mutterhündin ins Freie. Wehe, wenn sich ein Junges vordrängt. Es wird zurückgescheucht und muß warten, bis die Mutter hinaus ist. Es folgt der Rüde, die Jungen stürmen hinterher und preschen vor. Würdevoll begibt sich der Rüde ans nächste Grasbüschel und setzt seine Marke: »Ich und mein Clan!«. Die Hündin gibt ihr Plazet dazu. Die Jungen kehren um und beriechen das Signal: »Was Vater alles kann!«

Unterricht im Freien

Scheinbar ungeordnet und ziellos springen die Jungen umher. Hier wird geschnuppert, dort einem Blatt nachgejagt, da ein Stöckchen geschnappt. Sofort wird die Beute dem glücklichen Finder streitig gemacht. Ein anderer greift zu und gemeinsam rennen »Zwei am Stiel« den Weg entlang. Aufmerksam verfolgt die Mutter die Aktivitäten. Sollte mal einer eine tote Maus ergattern, kommt gleich die Mutter dazu und beansprucht mit drohend gestrecktem Schwanz die Beute für sich. »Das ist nichts für kleine Kinder!« »Steck deine Nase ins Mauseloch!« Gehorsam schnüffelt der Junge in die Erde und kommt niesend wieder hoch. »Riecht auch nicht nach Fressen«, sagt er und schüttelt sich.
Immer wieder zählt die Hündin ihre Kinder mit der Nase. Bleibt eines zurück oder prescht zu weit vor, so holt sie es mit keifendem Bellen zurück. Ein strafender Stups vom Vater betont das Ungebührliche seines Verhaltens.
Springen können die Kromfohrländer von klein an. Aber das Springen über den Bach will gelernt sein. Die Mutterhündin fordert dazu auf. Mehrfach überspringt sie den Graben, bis das Junge folgt und danach mit der Mutter einen Extragalopp einlegt, zur Belohnung, so findet die Erziehung scheinbar spielerisch statt.
Die pädagogischen Theorien der Menschen werden auf dieser unteren, animalischen Ebene recht vergnüglich gelöst. Die oberste Instanz bleibt jedoch immer der menschliche Boß. Er kann seinen Leitrüden von den verwickelsten Erziehungsaufgaben abrufen. Immer wird der Kromfohrländer gehorchen – in mancher Verkehrssituation ist das nötig und eilig dazu. Die Meute Kromfohrländer, die wie die Porzellanhündchen am Wegrand absitzen und das Auto mit dem Jagdaufseher passieren lassen, bietet einen erfreulichen Anblick.

Ein Rückwanderer

Manchmal kommt ein Hund zum Züchter zurück. Die Gründe sind unerheblich, wichtig ist es, ihn in die Meute einzugliedern. Frohgemut zog er als Welpe aus mit seinen neuen Leuten; nun kommt er zurück – aus irgendwelchen Gründen –, und der Züchter nimmt ihn freudig wieder auf. Diesen erkennt der Hund bald wieder, auch die Gerüche des Hauses scheinen ihm bekannt zu sein. Aber nach Monaten oder gar Jahren ist ihm die Verwandtschaft völlig fremd. Feindselig verbellt ihn die hauseigene Meute und schnauft durch die Türritzen Protest gegen den Eindringling, so daß die ersten Tage in absoluter Quarantäne vergehen.
Erstmal wird der Neue oder auch die Neue außerhalb des eigenen Reviers an kurzer Leine auf den Spaziergängen mitgeführt. Allergrößte Vorsicht ist vonnöten. Ein kurzes Beriechen an den Analdrüsen wird erlaubt, aber dann sofort auf Abstand gehen. Denn der Zugereiste würde den Annäherungsversuch abschnappen, und augenblicklich würde sich die ganze Meute auf ihn stürzen. Die einzige Rettung wäre dann, ihn am Schwanz zu packen und ihn über einen rettenden Zaun zu werfen. Nach etwa 14 Tagen strenger Trennung beruhigen sich die Gemüter. Herrchens Wille ist unumstößlich, also muß man sich mit dem Neuen arrangieren. Jetzt wird der Altrüde an der Leine geführt, der Neue versucht mit Rempeln und Ohrenküßchen die Sympathie der Alten zu gewinnen. Mit den jüngeren Hündinnen werden Drohattacken aufgeführt. Zwei Hunde springen sich an, umarmen sich und schreien mit aufgerissenen Rachen ihre Meinung heraus. Manchmal erfordern diese Rangkämpfe das autoritäre Einschreiten des Menschen.
Die laute Stimme und der ausgestreckte Arm des Herrn werden als Drohgebärde respektiert. Als sei nichts geschehen, laufen die Hunde auseinander, sie sind nicht nachtragend. In weniger als vier Wochen hat sich die Meute arrangiert. Die Rangordnung ist geklärt, und sollten Meinungsverschiedenheiten auftreten, so gilt Herrchen immer als oberste Schlichtungsinstanz.

Bewegungsablauf beim Sprung über ein Hindernis, etwa einen Meter hoch.
Rechts von oben nach unten: »Winald« im Sprung,
links von oben nach unten: »Quimba« im Sprung.

Die Clubmeute

Vieles könnte man noch berichten über Sozialverhalten in der Meute, über Körpersprache und Rangordnung. Hierüber haben Berufenere geforscht und geschrieben. Das Erlebnis einer Kromfohrländer-Meute wird keiner vergessen, der einmal beim jährlichen Clubtreffen dabei war. Auf grüner Wiese tollen die bunten Hunde umher, Freundschaften werden geschlossen und Rivalitäten ausgetragen. Die attraktiven Hündinnen werden gleich von mehreren Kavalieren hofiert, während die Jüngsten wohlwollend geduldet werden.
Wer sich öfter im Jahr trifft, hat sich viel zu erzählen (nicht nur die Hunde), und wer sich erst kennenlernt, bekundet freundliches Interesse. Jeder Hund hat sein eigenes Temperament und Image. Das Gesamtbild vermittelt den Eindruck eines typischen, unverwechselbaren Rassehundes.

Wer ähnelt wem?

Die Zucht

Grundsätzliches

Aufgabe und Ziel des Rassezuchtvereins der Kromfohrländer ist es, für die Reinerhaltung und Festigung der Rasse zu sorgen. Dieses ideale Ziel wird von einer schmalen Basis ausgehend von wenigen Amateurzüchtern angestrebt. In diesen beiden Sätzen steckt die ganze Problematik der jungen Rassezucht. In vierzig Jahren liebevoller und aufopfernder Zuchtarbeit ist es gelungen, einen gesunden und wesensfesten Stamm von Rassehunden aufzubauen. Zwei energische und großzügige Zuchtleiter – Otto Borner und Werner Rahmann – haben es verstanden, ohne in die Massenvermehrung abzugleiten, ein stetiges Wachsen der Hundezahl zu erreichen. Die Zwinger »vom Dieke«, »vom Weddern« und »vom Antareshof« können als die führenden gelten, hinzu kommen etwa ein halbes Dutzend Zwinger, die mit wenigen Würfen ebenso wertvolle Zuchtbeiträge liefern. Dem Clubvorstand ist jeder Wunschzüchter hochwillkommen, wenn er verständlicherweise die notwendigen Voraussetzungen erfüllen kann.

Voraussetzungen

Die Frage, ist die Hündin gesund und wesensfest, steht in der Zucht an erster Stelle und wird vom Zuchtleiter entschieden. Es besteht im Club noch kein Ankörzwang, zumeist aus technischen Gründen, der weiten Entfernungen wegen. Doch eine zwanglose Begutachtung der Hunde wird jedes Jahr beim Clubtreffen durchgeführt. Dabei werden auch Zucht- beziehungsweise Paarungsempfehlungen gegeben. Wünschenswert ist es, daß die Hündin auf einer Ausstellung bereits eine Wertung erhielt, womit sie auch objektiv als zuchttauglich ausgewiesen ist.

Unbedingt müssen die räumlichen Gegebenheiten für die Aufzucht vorhanden sein. Ein Raum im Haus und ein guter Auslauf sind mehr als empfehlenswert. Das Welpenzimmer sollte ebenerdig liegen mit einem wischbaren Fußboden und einem Ausgang in den Garten, wo die Kleinen ihre ersten Freiübungen abhalten können.

Paarung

Rechtzeitig ist die Zustimmung des Zuchtleiters zur Partnerwahl eingeholt worden. Auch der aussichtsreiche Rüde ist rechtzeitig benachrichtigt worden. In etwa kennt man den Zeitpunkt der Läufigkeit, weil vor der dritten Hitze nicht gedeckt wird. Den genauen Beginn der Hitze zeigt eindeutig das weiße Laken im Hundekorb mit rötlichen Flecken an. Von da ab rechnet man elf bis dreizehn Tage bis zum Decktag. Die Hündin zeigt ihre Bereitschaft mit Heben des Schwanzes und deutlichem Posieren, wenn man ihr über den Rücken streicht. Dann geht es auf die Reise, was mit einer läufigen Hündin nicht eben angenehm ist.
Der Empfang bei den Besitzern des Rüden ist immer recht herzlich, man hatte sich ja bereits verständigt. Die »Verständigung« zwischen den »Brautleuten« verläuft dagegen unterschiedlich. Manchem Rüden gelingt es, seine Braut innerhalb einer halben Stunde zu überzeugen. Bei anderen Paaren dauert die Werbezeit Stunden. Geduld ist vonnöten.

Was man nicht tun sollte

Man sollte nicht auf die Uhr schauen, das Liebesspiel braucht seine Zeit. Auch soll nicht die gesamte Familie zuschauen, und sich mit Ah- und Oh-Rufen beteiligen. Hunde kennen auch Hemmungen. Man soll den Liebenden kein glattes Parkett oder umstürzbare Möbel zumuten; geeignet ist dagegen ein Fleckchen Rasen. Man soll keine Tränen vergießen, wenn der CACIB-Rüde nicht aufspringen will; oft ist sein Bruder der bessere Vererber.
Ein Zwangsdecken soll niemals erfolgen, man muß eben einen anderen Rüden anlaufen. Eine Hündin, die zur Zucht eingesetzt werden soll, darf

unter keinen Umständen bei vorherigen Hitzen abgespritzt worden sein, das verändert ihren Hormonhaushalt entscheidend. Man muß eventuell mal auf eine Ferienreise verzichten.

Dem Anfänger wird bei den vielen guten Ratschlägen der Kopf schwirren, doch macht er sich unnötige Sorgen. Die Hauptarbeit erledigen die Hunde selber, sie sind da ganz instinktsicher. In Zweifelsfragen stehen jederzeit die erfahrenen Züchter des Kromfohrländer-Clubs zur Verfügung.

Deckmeldung und Wartezeit

Ist der Deckakt zur allseitigen Zufriedenheit verlaufen, haben sich die Hunde nach dem »Hängen« zu einem Schläfchen niedergelegt, dann heißt es, den geschäftlichen Teil zu erledigen. Das Deckmeldeformular muß ausgefüllt und unterschrieben an den Zuchtleiter gesandt werden. Er soll ja für die künftigen Welpen gültige Papiere ausstellen können. Als

Mutterfreuden, weil sie so schön gezeichnet sind.

ganz wichtig erweist es sich, daß man die Vergütung für den Deckrüden schon vorher vereinbart hatte: ob er ein Honorar oder einen Welpen beansprucht. Die klare Absprache hierüber vermeidet späteren Ärger. Hat sich die Hündin genügend ausgeruht, geht es auf die Heimreise. Ein Nachdecken am nächsten Tag hat nach Meinung erfahrener Züchter nie zu größeren Würfen geführt, ist also unnötig. In den folgenden vier Wochen verhält sich die Hündin fast unverändert. Sie bekommt ihr normales Futter und vor allem ihren normalen Auslauf. Verwöhnen Sie sie nicht mit Leckereien. Sonst frißt sie Ihnen bald nur noch vom silbernen Löffel. Wenn das Futter mal einen Tag verweigert wird, ist das normal für eine Schwangere. Eine gesunde Hündin sorgt schon für ihre Nachkommenschaft.

Mit Geduld und ohne ständiges Betasten und Untersuchen vergehen die Wochen. Erst nach der Halbzeit zeigen sich deutliche Veränderungen. Die Milchleisten schwellen an, das Bäuchlein wird runder, die Bewegungen träger. Drei Wochen vor dem Geburtstermin findet eine gründliche Entwurmung statt. Es ist angezeigt, bei zunehmendem Umfang der Hündin die Tagesmahlzeit auf drei Portionen zu verteilen und das Futter mit Aufbaupulver anzureichern.

Das Welpenzimmer

Das Welpenzimmer braucht nicht steril abgeschlossen zu sein. Im Gegenteil, die Hündin mit ihrem Wurf behält Kontakt zu ihren Menschen auch in der Zeit der Aufzucht. Für den Wurf selber eignet sich am besten ein großer Hundekorb, 70 x 90 cm. Das Basteln einer Wurfkiste ist zwar recht spannend, doch unnötiger Aufwand. In ihrem Korb kann sich die Hündin während der Wehen gut abstützen; der Korb ist nach dem Werfen schnellstens abwaschbar; er bietet in den Wochen der Aufzucht ein gemütliches Zuhause.

Ausgelegt wird der Korb mit saugfähigem Papier, worüber alte Laken gepackt werden. Es muß sich immer um Wegwerfware handeln oder um kochfestes Material. Zur Vorbereitung gehört auch die Beschaffung einer Welpenmilch. Für die Zeit nach vier Wochen, wenn die Welpen anfangen aus dem Korb zu purzeln, empfiehlt sich der Bau eines Laufstalles. Aus

Welpenzimmer: Körbchen geschützt unterm Tisch –, Laufkiste, Trinknapf, zusätzliche Heizung, »Zeitungslektüre«.

glattgehobelten Brettern wird ein Geviert 70 x 130 cm, etwa 40 cm hoch, gezimmert. Da hinein werden die kleinen Schlingel gesetzt, wenn sie mal allein sein müssen. Die Mutter kann ungehindert hinein- und herausspringen, die Welpen bleiben wohlbehalten im Gehege.

Alle Vorbereitungen sind getroffen, die Hündin wird unruhig (Sie vermutlich auch). Wenn sie anfängt im Wurfkorb zu wühlen und zu kratzen, machen Sie sich auf eine lange Nacht gefaßt. Das Reißen und Zerren an den Tüchern deutet die Senkwehen an. Wenn die echten Wehen mit Stöhnen und Hecheln in fünfminütigem Abstand kommen, helfen Sie der Hündin. Sie streichen ihr behutsam, aber fest den Rücken und lassen die Hand auf dem Kreuz ruhen, bis die Wehe abklingt. Mit drei kräftigen Preßwehen wird der Welpe ausgestoßen. Die Erstgebärende weiß dann noch nicht recht weiter. Sie öffnen mit einem kurzen Griff die Fruchtblase und überlassen der Mutter das Lecken. Sie wird die Nabelschnur

abbeißen und sich dann um die Nachgeburt kümmern, die sie mit kleinen Wehen herauszieht und verschlingt. Die Pause bis zur nächsten Geburt ist unterschiedlich lang. Manchmal nur zehn Minuten, dann bis zu zwei Stunden. Bei großen Würfen muß die Werfende zwischendurch auch zum Wasserlassen hinausgetragen werden.
Natürlich ist der zuständige Tierarzt beizeiten von dem bevorstehenden Ereignis informiert worden. Er wird erreichbar sein, wenn es not tut. Eine gesunde, gut trainierte Hündin wird ihren Wurf aber ohne akademische Hilfe bewältigen. Ist der letzte Welpe erschienen und sind alle notdürftig abgeleckt, streckt sich die Mutter erschöpft und zufrieden lang aus. Die Jungen hängen bereits am Gesäuge, auch die Hündin hat Durst und bekommt ihre lauwarme Welpenmilch.
Beträgt der Wurf vier bis sechs Welpen, so entstehen keine Nahrungssorgen. Bei größerer Zahl muß in den ersten Tagen mittels einer kleinen Pipette zugefüttert werden.
Am ersten Tag nach dem Werfen entleert sich die Hündin mit schwarzem Durchfall, das ist die Nachgeburt und bedeutet die normale Säuberung. Hungrig und durstig ist sie, sie bekommt drei volle Mahlzeiten und drei reichliche Schalen Milch.

Wiegen, Zeichnen, Nennen

Auf einem Blatt Papier hat der Züchter die Umrisse der Welpen skizziert. Jedes Junge wird gleich nach der Geburt gewogen. Geburtsgewicht, seine Fellzeichnung, sein Geschlecht und die Uhrzeit der Geburt werden auf dem Papier vermerkt. Die Namen werden verteilt, alle beginnen beim ersten Wurf des Zwingers mit A und so fortlaufend für jeden nächsten Wurf der nächste Buchstabe im Alphabet.
Die ersten vier Wochen bedeuten reines Züchterglück. Die Mutterhündin versorgt ihre Kinder, der Züchter versorgt die Mutter. Peinliche Sauberkeit herrscht im Welpenkorb, denn die Hündin leckt und putzt Welpen und Lager pausenlos. Ab der fünften Woche beginnt zur Entlastung der Mutter die Zufütterung. Zum ersten und letzten Mal in ihrem Leben kriegen die Hündchen Tartar, roh gehacktes Rindfleisch. Die ersten Milchmahlzeiten werden mehr oder weniger geschickt geschleckt.

Rangordnung?

Jetzt ist es an der Zeit, das kleine Volk in den Laufstall umzuquartieren. Mit ihren Milchzähnen und den scharfen Krallen setzen sie der Mutter arg zu. Aus dem Laufstall kann die Hündin hinausspringen, um den Quälgeistern zu entgehen. Die Erziehung zur Stubenreinheit beginnt mit dem Auslegen des Welpenzimmers mit Zeitungspapier. Anfänglich machen sie überall hin, Geschäftchen und Papier werden identifiziert. Verringert man die Papierfläche, so rücken auch die Pfützchen und Häufchen zusammen. Nach acht Wochen ist die Lage Zeitung zu einem festen hygienischen Begriff geworden.

Auslauf

Etwa in der sechsten Woche öffnen sich die Türen ins Freie. Unbeschadet der Witterung gewöhnen sich die Welpen schnell an die frische Luft, nur dürfen sie natürlich nicht völlig verfrieren oder durchnässen. Die Mahlzeiten werden nun auch im Freien serviert. Da die Kleinen infolge des Magen-Darm-Reflexes gleich nach dem Fressen sich entleeren, entlastet diese Methode den Züchter beim Putzen des Welpenzimmers. Auf der Spielwiese werden ein paar Hindernisse aufgestellt, das fördert die Trittsicherheit und Muskelbildung.

Wurfabnahme.

Interessenten und Käufer

Zehn Wochen verbringen die Welpen in der Geborgenheit des Zwingers; wachsen, lernen und gedeihen unter der Obhut der Hündin und des Rüden und der liebevollen Pflege des Züchters. Ständige Besuche der Interessenten und Käufer vermitteln schon die ersten Kontakte mit der Außenwelt. Die ersten Erfahrungen werden spielend bewältigt und schon erste Freundschaften geschlossen. Es kommt auch vor, daß ein selbstbewußter kleiner Bursche einen begeisterten Käufer total ablehnt. Das darf nicht übersehen werden. Die Sozialisierungsphase läuft vom ersten Tage an auf vollen Touren und setzt sich bis weit ins Jugendalter hinein fort. Dabei lernen Hund und Mensch gleichermaßen zur beiderseitigen Zufriedenheit.

Ausstellungen

Einlaß für Hunde

Ausstellen ist ein herrlicher Spaß. Wenn Sie einen Tag lang eingeklemmt zwischen Hunden und Taschen, bedrängt von Zuschauern und Fremdrassigen (Hunden) nach allen Seiten sichern, stundenlang Schwätzchen halten, heimlich den Nachbarn beäugen und sich am Tagesende selber hundemäßig vorkommen, dann fühlen Sie sich richtig ausgelastet.

Budapest war begeistert.

Schon die Anfahrt zum Ausstellungsort beschleunigt Ihren Pulsschlag. Suchen nach dem Parkplatz. Suchen nach der Ausstellungshalle. Suchen nach den Boxen. Alles steigert Ihre Vorfreude und Nervosität. Gedrängel am Einlaß, Hundebeine – Menschenbeine, Papiere geduldigen Tierärzten hinhalten, erstmal eine Lücke anpeilen, um alles wieder in die richtigen Hände zu fassen. Im Katalog schön geordnet die Boxennummer zu finden, heißt noch lange nicht, auch die Box für Ihren Hund zu finden. Fast nie stimmt die Nummernfolge, aber Sie haben Zeit zum Suchen und entdecken irgendwann bekannte Gesichter: »die« Kromfohrländerfreunde! Decke, Hund und Taschen werden in der Box sichergestellt, Händeschütteln und ein kritischer Blick, der Ihnen die Gewißheit gibt, daß Ihr Hund der Schönste ist neben seinen Rassegenossen. Eine Hundeausstellung ist für Mensch und Tier ein emotionales Erlebnis. In großen Ausstellungshallen herrscht unbeschreibliches Gedränge, Gerede und Gebelle in einer Wolke von Gerüchen. In dieser gespannten Atmosphäre wird sich Ihr Liebling von seiner besten Seite zeigen und den höchsten Preis erringen!?

Ausstellen – wie?

Der Entschluß, seinen Kromfohrländer auszustellen, wird meist spontan gefaßt. Weniger spontan verlaufen die Vorbereitungen. Ort und Zeit der Ausstellungen werden abgestimmt, ein Meldeformular wird angefordert vom Club oder vom VDH, die Impfungen müssen kontrolliert werden. Wünschenswert ist es, den Sonderleiter zu kontakten, der die Kromfohrländer betreut. Ein Erstaussteller erhält wertvolle Tips und Hinweise. Der lebhafte Kromfohrländer ist kein idealer Ausstellungshund, sein Temperament kann im Ring mit ihm durchgehen. Unliebsame Enttäuschung vermeidet, wer rechtzeitig mit dem Hund trainiert.
Während des Richtens wird der Hund linker Hand geführt, beim schnellen Gang des Führers zeigt er seinen flüssigen Trab, den schönen Vortritt und die kräftige Hinterhand. Vor dem Richter muß er ruhig stehen und dem Gestrengen freundlich in die Augen schauen. Das Zähnezeigen ist kein Problem, wenn es täglich geübt wurde. Mit der rechten Hand deckt der Besitzer die Augen ab und zieht die Lefzen hoch, mit der Linken hält

Spielst du heute mit mir?

er das Halsband und entblößt die unteren Zähne. Niemals sollte ein Hund im Ring sitzen, das macht so einen müden Eindruck; er soll sich ja von seiner schönsten Seite präsentieren.

Es ist eine leidige Unart, Richterschelte zu üben, wenn die Beurteilung nicht den Erwartungen entspricht. Der Richter urteilt gewissenhaft nach den Richtlinien des Kromfohrländer-Standards. Aber vielleicht war Ihr Hund nervös oder Sie selbst? Vielleicht hatten Sie Ihren Partner nicht optimal vorbereitet? Hierzu gehört außer Training auch das äußerliche Zurechtmachen. Bekanntlich wird ein Kromfohrländer nicht getrimmt, nicht gepudert und nicht angemalt. Aber ein bißchen kann man das Haarkleid wohl korrigieren; dem einen die Stirnlocken kürzen, damit der Blick frei wird; dem anderen den Bart stutzen, daß er nicht wie ein Hippie aussieht; da an den Hosen etwas abnehmen und dort die Löwenmähne ausdünnen. Das Gesamtbild des Hundes wird damit nicht verfälscht, doch erscheint er ausdrucksvoller und harmonischer.

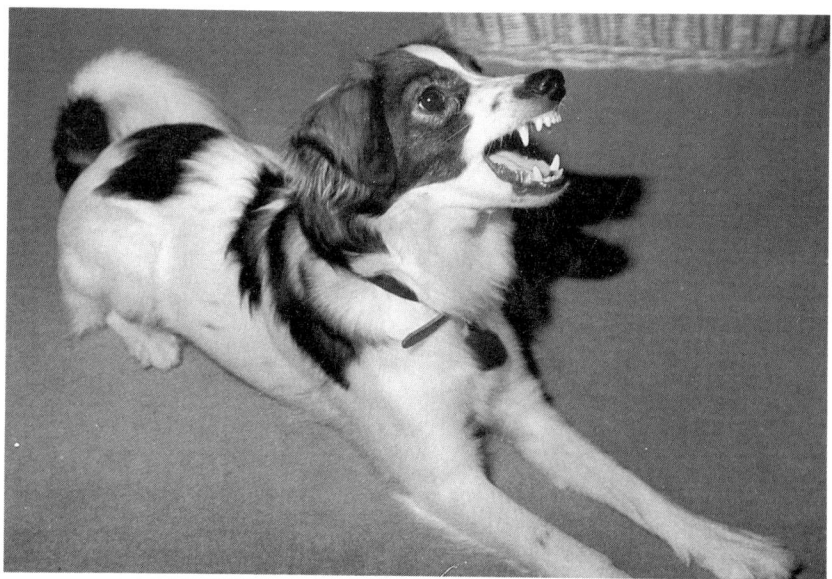

Zähne zeigen ohne Zwang.

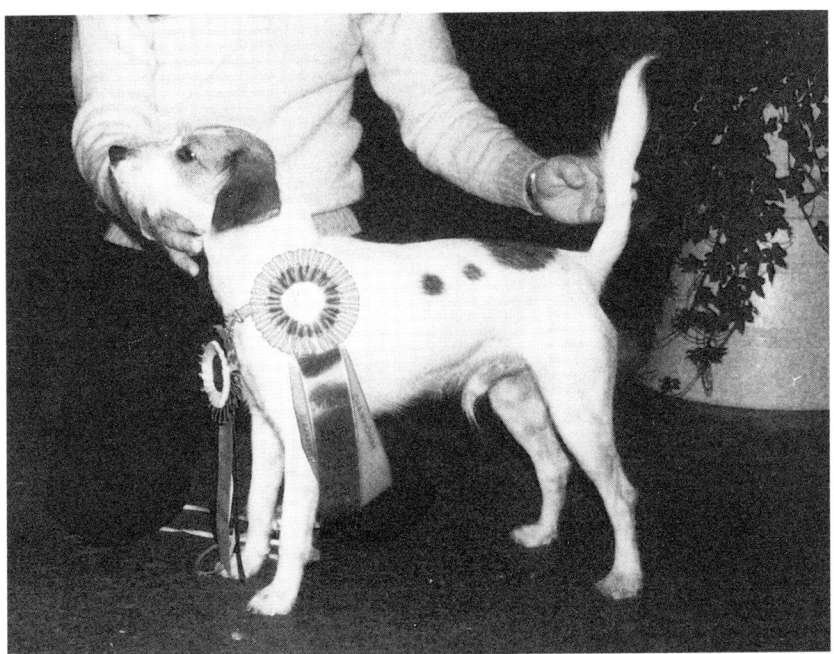

Bestens vorgeführter Champion (Finne).

Die Hundeschauen sind Schönheitsschauen, die vergebenen Titel sagen das deutlich. Das begehrte CACIB heißt Certificat d'Aptitude au Championat International de Beauté. Die Untertitel »sehr gut«, »gut« etc. beziehen sich auf die Schönheit. Ausschlaggebend für das Richterurteil ist der Formwert des Hundes am Ausstellungstag.

Ausstellen – warum?

Ganz klar liegt das Interesse eines Kromfohrländerbesitzers zutage: er möchte seinen Hund zeigen, er möchte seinesgleichen sehen, er möchte einen Preis erringen. Das Urteil eines erfahrenen Hunderichters bestätigt ihm den Wert seines vierbeinigen Gefährten. Für den Züchter spielen

Möglichkeiten der CACIB- u. Res. CACIB-Vergabe

Offene Klasse Vorzüglich I Vorzüglich II	Siegerklasse Vorzüglich I Vorzüglich II	Gebrauchshundklasse Vorzüglich I Vorzüglich II

Wenn das CACIB vergeben wird an:	dann kann das Res.-CACIB vergeben an:	
Offene Klasse Vorzüglich I	Offene Klasse Siegerklasse Gebrauchshundklasse	Vorzüglich II Vorzüglich I Vorzüglich I
Siegerklasse Vorzüglich I	Siegerklasse Offene Klasse Gebrauchshundklasse	Vorzüglich II Vorzüglich I Vorzüglich I
Gebrauchshundklasse Vorzüglich I	Gebrauchshundklasse Offene Klasse Siegerklasse	Vorzüglich II Vorzüglich I Vorzüglich I

noch weitere Gesichtspunkte eine Rolle. Beim Beobachten des Richtens, im Gespräch mit anderen Züchtern, im Vergleich mit anderen Rassen, schult er Ohr und Auge und bekommt eine Menge Anregungen. Wie interessant zum Beispiel ist es, einen Foxterrier oder einen Griffon, die Ureltern unserer Kromfohrländer, mit unseren Hunden zu vergleichen. Das Besondere unserer jungen Rasse tritt deutlich hervor.

Wichtig für den Züchter ist der Kontakt mit dem Publikum. Den Kromfohrländer kann man am besten im direkten Gespräch beschreiben. Das Echo bei den Zuschauern ist amüsant. München ist charmant; Dortmund zurückhaltend; Stuttgart herzlich; Hamburg reserviert. In München ruft man: »Schau, was für a liabs Hunderl.«. In Stuttgart heißt es:

»Ein richtiger Hund, sieh nur!«. Der Dortmunder fragt: »Ist wohl ein Terrier?«. In Hamburg klingt es sachlich: »Ist das ein Jagdhund?«. Diese Fragen fordern vom Züchter ausführliche und sachliche Auskunft. Manchmal bahnt sich auch ein Verkaufsgespräch an, denn wer züchtet, muß leider auch verkaufen.

Kopfstudie bartlos – glatt.

Ausstellen – wen?

Die großen Rassen haben es einfach mit der Entscheidung, wen sie ausstellen; die kleinen Rassen greifen auf einen durchgezüchteten Stamm zurück. Die Neuen, wie es die Kromfohrländer sind, können da nicht aus dem Vollen schöpfen. Die geringe Anzahl der Hunde, die zudem weit über das Bundesgebiet bis in die Schweiz verstreut sind, schaffen bestenfalls zehn Hunde zur Schau. Dazu kommt das Problem zweier Spielarten, die in einem Standard bestehen.
Um das Publikum ausreichend zu informieren, hat es sich als zweckmäßig erwiesen, beide Spielarten zu zeigen. So sitzen die Bärtigen und die Bartlosen friedlich nebeneinander und werden im Ring gleichzeitig gerichtet: Ein CACIB für ihn, ein CACIB für sie.
Konkurrenzdenken entfällt, die Titel reichen aus, um beide Variationen auszuzeichnen. Für die Weiterentwicklung der Rasse braucht der Club alle Tiere, um den Standard zu festigen und zu verbessern.
Die Hunde sitzen zudem in verschiedenen Altersklassen, die wiederum getrennt gewertet werden. Die ganz erfahrenen alten Schönheitscham-

So werd' ich nie Erste!

Spielender Kromfohrländer.

pions treten außer Konkurrenz in den Richterring, in der Offenen Klasse werden die Erwachsenen gerichtet, und die Jugendklasse sowie die Jüngsten unterliegen einer milderen Beurteilung. Es scheint daher ganz ratsam, wenn man seinen Junghund oder Jüngsten schon mal bei einer Ausstellung vorführt. Er bekommt ein »Vielversprechend« und orientiert sich und seinen Herrn »unverbindlich« über das Ausstellungswesen.
In dem Riesenwirbel der Schau verhalten sich die Kromfohrländer wie echte Showstars. Sie lassen sich bewundern und streicheln, schreiten artig hin und her und zeigen sich von ihrer freundlichsten Seite. Ob sie es Herrchen zuliebe tun, mag zweifelhaft sein. Vermutlich schalten sie ihr sensibles Nervensystem einfach auf passiv.
Haben Sie eine Auszeichnung für Ihren Hund errungen und viel lobende Worte von Zuschauern gehört, so werden Sie zufrieden die Heimfahrt antreten. Aber auch wenn der Tag nach Ihrer Meinung nicht voller Erfolg verlief, haben Sie teilgenommen am Bemühen der Kromfohrländer-Freunde, diesen erstaunlichen Hund ein bißchen bekannter zu machen.

Ernährung

Die wildlebenden Ahnen unseres Hundes waren Jäger. Sie verzehrten ihre Beute mit Haut und Haar. Bevorzugte Leckerbissen waren die Innereien. Magen und Darm ihrer Beutetiere enthielten auch vorverdaute Pflanzen und wichtige Vitamine. Wölfe und Wildhunde fraßen also nicht nur Fleisch. Genauer wäre die Bezeichnung »Tierfresser«. Aus Untersuchungen des Mageninhaltes wissen wir, daß darüber hinaus praktisch alles auf dem Speisezettel stand, was die Natur bot: Früchte, Samen und Gräser, Frösche und Schlangen, selbst Insekten wurden verzehrt. Nur so konnten der Hunger gestillt und genügend Vitamine und Mineralstoffe aufgenommen werden.

Angemessene artgemäße Nahrung hat der Hundehalter seinem Hund nach dem Tierschutzgesetz anzubieten. Unkenntnis und falsch verstandene Tierliebe können leicht zu Tierquälerei führen: Der Hund ist kein Resteverwerter. Mit Süßigkeiten ist ihm nicht gedient. Falsche Ernährung kann Fettsucht, innere Erkrankungen oder Hautkrankheiten verursachen. »Angemessen« ist nur eine gesund erhaltende Nahrung. Die Freßgewohnheiten der Wildtiere zeigen, wie das Futter zusammengesetzt sein muß:

Fleisch ist die Ernährungsgrundlage. Es enthält neben Salzen, Geschmacksstoffen und Vitaminen vor allem tierisches Eiweiß. Reines Muskelfleisch oder Herz können ebenso wie ausschließlich minderwertige sehnige, häutige oder knorpelige Teile zu Verdauungsstörungen führen. »Artgemäß« ist eine aus leichter und schwerer verdaulichen Bestandteilen gemischte Fleischgrundlage. Dazu gehört auch tierisches Fett. Es dient als Energiequelle. Ungesättigte Fettsäuren sind zur Gesunderhaltung nötig. Sie sind vor allem in Pflanzenölen enthalten.

Pflanzen enthalten neben pflanzlichem Eiweiß, Vitaminen und Mineralstoffen vor allem Stärke und Zucker. Diese Kohlehydrate liefern ebenfalls Energie. Wichtig sind die für den Hund unverdaulichen Rohfasern.

Die Temperamente sind unterschiedlich.

Sie sättigen, füllen den Darm und sorgen dadurch für eine geregelte Verdauung. Rohkost ist kaum verdaulich. Die Energiequellen müssen durch vorherige Erhitzung »aufgeschlossen« werden.
Eine vielseitig zusammengesetzte Nahrung enthält auch Vitamine. Mineralstoffe und Spurenelemente sind nicht nur für den Knochenbau, sondern auch für viele andere Stoffwechselprozesse unerläßlich.

Eine Wissenschaft für sich?

Erhaltungs- und Leistungsbedarf, Nährwerttabellen, Kalorien und Joule – das ist schon eine Wissenschaft für sich –, beflügelt durch die Futtermittelindustrie. Bei allem Respekt wundert sich der Praktiker, daß trotz

Unkenntnis und Fehlern früherer Zeiten die Spezies Haushund nicht längst ausgestorben ist. Zum besseren Verständnis genügen folgende Überlegungen: Der Körper des erwachsenen Hundes befindet sich in einem dauernden Umbau. Zur Erhaltung der Körpersubstanz sind daher Eiweißbausteine erforderlich, für die damit verbundenen Stoffwechselvorgänge Energielieferanten, Vitamine und Mineralstoffe. Das Futter soll in der Trockenmasse etwa ein Drittel Eiweiß, mindestens fünf Prozent Fett und höchstens die Hälfte Kohlehydrate enthalten.

Welpen und Junghunde brauchen für ihr Wachstum mehr Nahrung als gleich schwere erwachsene Hunde, bis zum sechsten Monat etwa doppelt so viel und dann immer noch fünfzig Prozent mehr. Ihr Futter soll zu zwei Dritteln, später mindestens zur Hälfte aus Fleisch und anderen Eiweißstoffen bestehen.

Urlaubsstimmung.

Diese Richtwerte gelten nur bei normaler Belastung. Besondere Leistungen erfordern eine Zulage. Bei Dauerarbeit kann bis zu viermal mehr Energie als bei Ruhe verbraucht werden.

Die wichtigsten Grundregeln

Die Futterration kann nicht mit der Briefwaage abgemessen werden. Neben Alter und Leistung ist die individuelle Veranlagung des Hundes ausschlaggebend. Es gibt gute und schlechte Futterverwerter. Ein normal veranlagter, durchschnittlich beanspruchter erwachsener Kromfohrländer braucht täglich etwa 150 g Fleisch und 200 g Flocken und Gemüse. Den gleichen Nährwert haben 100 g Dosen-Vollnahrung oder Trockenfutter nach Angabe. Bei einem gesunden, gut ernährten Hund sollen die Rippen optisch nicht hervortreten, mit der flachen Hand aber noch fühlbar sein. So kann man »erfühlen«, ob etwas Futter zugelegt oder abgezogen werden muß.

Junghunde können die tägliche Futtermenge unmöglich auf einmal aufnehmen. Eine Magenüberladung wäre die Folge. Knochen, Bänder und Gelenke würden zu stark belastet und bleibende Schäden davontragen. Immerhin braucht ein halberwachsener, etwa 5 kg schwerer Kromfohrländer bereits genausoviel Futter wie sein ausgewachsener Artgenosse. Die Ernährung der Welpen erfolgt zunächst genauso (siehe auch »Speiseplan Seite 83). Umstellungsbedingte Verdauungsstörungen werden so vermieden. Dem Welpen wird die Eingewöhnung erleichtert.

Bis zum Abschluß des Zahnwechsels mit etwa sechs Monaten erhält der Junghund täglich drei, später bis zum Abschluß des Wachstums mit etwa eineinhalb Jahren zwei Mahlzeiten täglich. Der Junghund darf zunächst noch etwas »Babyspeck« haben. Er hilft, Krankheiten besser zu überstehen. Mangelernährung in der Jugend ist kaum wieder gutzumachen.

Fresser werden nicht geboren, sondern erzogen: Der erwachsene Hund erhält täglich eine Mahlzeit, je nach Veranlagung. Was in einer Viertelstunde nicht aufgefressen ist, gehört in den Mülleimer. Wichtig sind je nach Typ, regelmäßige feste Futterzeiten, ebenso wichtig, ob diese morgens, mittags oder abends erfolgen. Den Junghund läßt man jedoch nach dem Fressen ins Freie damit er sich lösen kann.

Das Futter soll vielseitig sein, damit es alle benötigten Nährstoffe enthält. Der Hund braucht gelegentlich eine Geschmacksabwechslung. Die Gefahr einer Fehlernährung sinkt bei abwechslungsreicherem Futter.

Fertigfutter – sicher, bequem und preiswert

Die Vorurteile gegen Fertigfutter sind überholt. Es entspricht in Eiweißanteil und sontigen Inhaltsstoffen den wissenschaftlichen Erkenntnissen. Durch moderne Konservierungsverfahren werden Vitamine weniger geschädigt als durch haushaltsübliches Kochen. Krankheitserreger im Fleisch werden bei der Herstellung abgetötet. Ein weiterer Vorteil ist die praktische Vorratshaltung. Auf Reisen ist Fertigfutter die einfachste Futterlösung. Es ist etwas teurer als selbst zubereitetes Futter. Gegen Fertigfutter gibt es eigentlich nur einen Einwand: Artgemäßerweise frißt der Hund Rohes, nicht aber Gekochtes. Der Hund braucht wesentlich mehr Wasser und produziert mehr Kot.

Dosenfutter enthält reichlich Eiweiß. Das Etikett muß genau gelesen werden: »Vollnahrung« enthält bereits pflanzliche Futtermittel und ist futterfertig. Zu »Fleischnahrung« müssen noch Flocken, Reis oder Gemüse zugemischt werden. Als vermeintlicher Nachteil werden vielfach die großen Kotmengen nach Verfütterung von Dosenfutter empfunden. Sie sind Folge des Rohfaseranteils und der damit verbundenen guten Darmfüllung. Geschwächte, kranke Hunde reagieren bei plötzlicher Umstellung auf Dosenfutter gelegentlich mit Durchfall.

Fertigfuttermischungen aus Trockenfleisch und Nährmitteln werden mit warmem Wasser oder Brühe dickbreiig angerührt – eine unproblematische Futterzubereitung.

Trockenfutter in Keks- oder Ringform und Hundekuchen werden trocken verfüttert. Sie enthalten fünfmal weniger Wasser als normal feuchtes Futter. In einem Extranapf muß daher unbedingt Wasser angeboten werden. 200g Trockenfutter haben etwa den gleichen Nährwert wie eine 850-g-Dose Vollnahrung oder 400 g Fleisch und 125 g Flocken. Zusätzliche »Leckerlis« sind Dickmacher!

Mit vier Wochen noch nicht flügge.

Fertigfutter ist nach dem Bedarf erwachsener Hunde zusammengestellt. Es enthält mit Ausnahme speziellen Welpen-Dosenfutters zu wenig Eiweiß für den wachsenden Hund. Trockenfutter hat meist einen niedrigeren Eiweißgehalt als Dosenfutter. Junghunde müssen daher eine Eiweiß-Zulage erhalten, zum Beispiel eine Fleischmahlzeit oder Zumischung von Fleisch oder Fleisch-Fertignahrung. Fertigfuttermischungen können auch mit Milch angerührt werden.

Eigener Herd...

Schwieriger ist es, seinen Hund mit selbst zubereitetem Futter zu ernähren. Man muß dazu einiges über Wert und Eigenschaften der Futtermittel wissen.

Fleisch ist nicht preiswert; Rinderpansen und Blättermagen, Herz, Fleischabschnitte, Maulfleisch, Leberabschnitte, Schlund, Nieren sind ein fast vollwertiger Ersatz. Euter und Lunge und »Schweineringel« sind nur bedingt und in kleinen Mengen geeignet. Besonders wertvoll ist »grüner« Pansen, ein roher, ungereinigter Rindermagen: Die Futterreste sind bereits vorverdaut und enthalten Vitamine, die aus dem Pflanzenfutter stammen oder im Pansen gebildet wurden. Haltbarer und weniger duftend ist der gereinigte und gebrühte »weiße« Pansen. Rohe Leber und rohe Milz haben eine abführende Wirkung und sollen daher nicht zugegeben werden. Geflügelinnereien sollten stets gekocht werden, weil sie Durchfallerreger (Salmonellen) enthalten können. Die Fleischgrundlage sollte stets aus verschiedenen Bestandteilen bestehen. Bei einseitiger Zusammensetzung, zum Beispiel ausschließlich Pansen, können Eiweißbausteine fehlen, die der Hund braucht.

Andere Eiweißquellen können das Futter vervollständigen. Hunde mit gesunder Leber und Nieren dürfen gelegentlich unverdorbenen Fisch, frei von harten Gräten, fressen. Junghunde bis zum sechsten Monat können täglich eine mit Milch hergestellte Mahlzeit erhalten. Bei älteren Junghunden muß Kuhmilch verdünnt werden. Erwachsene Hunde erhalten – wie in der Natur – keine Milch. Sie können den Milchzucker nicht verdauen. Der Darminhalt wird dadurch zu weich. Hauterkrankungen können die Folge sein. Besser als Kuhmilch sind Welpenmilch-Präparate, die auch von älteren Hunden vertragen werden. Auch rohes Eiklar kann der Hund nicht richtig verdauen. Rohes Eigelb ist dagegen vor allem für junge und kranke Hunde gesund und bekömmlich. Gekochte und gebratene Eier verträgt jeder Hund. Viele Hunde mögen auch Magerquark – eine wertvolle Ergänzung hochwertigen Eiweißes – besonders für Junghunde. Käse ist entgegen alten Vorurteilen nicht schädlich. Käserinden mit Kunststoffbezug, Wurstpellen, Geräuchertes und Gewürztes gehören nicht in den Hundenapf.

Hinein ...

... und jetzt ein Sonnenbad.

Einkaufsmöglichkeiten für Futterfleisch bieten Hundefutterhandlungen und Fleischereien sowie Zoogeschäfte und Supermärkte. Frisches Futterfleisch ist leicht verderblich und sollte auch bei Kühlung nicht länger als zwei Tage aufbewahrt werden. In der Gefriertruhe kann man Fleisch etwa drei Monate aufbewahren, zweckmäßigerweise in dicht schließenden Kunststoffbeuteln portionsweise verpackt.

Die **Zubereitung** des Futters erfordert nur geringen Aufwand. Da der Hund sein Futter nicht kaut, sondern schlingt, wird das Fleisch in maulgerechte Happen geschnitten, aber nicht wie Hackfleisch zerkleinert. Viele Hundefutterhändler nehmen dem Käufer diese Arbeit ab. Das frische oder aufgetaute Fleisch wird mit heißem Wasser angebrüht. So bleibt es innen roh, wird aber leicht erwärmt. Eiskaltes Futter ist Gift für den Hundemagen.

Als pflanzliche Ergänzung können gekochte Kartoffeln, Graupen oder Reis zugegeben werden. Einfacher geht es mit »Hundeflocken«, einem Gemisch getoasteter und daher verdaulicher Getreideerzeugnisse mit ausreichendem Rohfasergehalt. Zwei Maß Flocken werden einem Maß Fleisch mit warmem Wasser zugemischt. Das Futter soll dickbreiig, nie suppig sein. Junghunde erhalten Flocken und Fleisch zu gleichen Raumteilen. Von Fall zu Fall sollen die Flocken ganz oder teilweise durch Gemüse ersetzt werden, das mit einer Gabel zerdrückt wird. Es schadet nichts, wenn Essensreste leicht gesalzen sind. Der Hund braucht Kochsalz für eine einwandfreie Nierentätigkeit. Hülsenfrüchte und Kohl gehören allerdings nicht ins Hundefutter. Sie sind schwer verdaulich und verursachen Blähungen, werden jedoch gern gefressen und gut verdaut.

Rohkost, insbesondere fein zerkleinerte Möhren und Äpfel, sind eine sättigende und vitaminreiche Futterergänzung. Auch gehackte Petersilie oder Kresse und frische Obst- und Gemüsesäfte vervollständigen das Vitaminangebot.

Zur Versorgung mit ungesättigten Fettsäuren – wichtig zum Beispiel für Haut und Haar – kann dem Futter einmal wöchentlich ein Teelöffel Pflanzenöl, beispielsweise Oliven- oder Distelöl zugesetzt werden. Auch eine Scheibe Brot mit Pflanzenmargarine ist eine vorzügliche Ergänzung, insbesondere gut durchgebackenes Roggenbrot. Brot soll aber nie eingeweicht werden.

Für den **Junghund** ist eine ausreichende Vitamin D-Versorgung zur Verhütung der Knochenweiche (Rachitis) besonders wichtig. Überdosierungen sind aber schädlich. Anstelle des Lebertrans sollten daher genau dosierbare Vitamin D-Präparate nach tierärztlicher Verordnung gegeben werden. Bierhefe – Bestandteil vieler Hundeflocken – enthält auch B Vitamine. Für den jungen Hund ist die Zufütterung von »Futterkalk« für Wachstum und Knochenbau unerläßlich. Aber auch der erwachsene Hund braucht eine Mineralstoffergänzung, weil selbst zubereitetes Futter nicht alle Stoffe in ausreichender Menge enthält. Speziell für den Bedarf des Hundes zusammengestellte Mittel sind besser und billiger als Kalktabletten für Menschen.

Knochen enthalten Mineralstoffe, sind aber schwer verdaulich und können hartnäckige Verstopfungen verursachen. Ihr Wert liegt vor allem in

Wessen Bett ist das?

der Gebißpflege und der »Gymnastik« für die Kaumuskulatur. In Maßen können daher Hunde mit gesunden Zähnen Rinderknochen erhalten. Hundekuchen oder Kauknochen aus Leder erfüllen allerdings den gleichen Zweck. Ältere Tiere mit Verdauungsproblemen oder Zahnkrankheiten müssen auf Knochen verzichten. Harte Röhrenknochen, vor allem vom Geflügel, können splittern und Darmverletzungen verursachen. Kotelettknochen können in der Speiseröhre steckenbleiben. Sie gehören in den Mülleimer.

Fastentage müssen wildlebende Fleischfresser oft einlegen. Für Hunde mit Übergewicht ist ein Fastentag in der Woche ein probates Mittel zum Abnehmen. An den übrigen Tagen darf er sich einmal täglich sattfressen. Seine fettarme Fleischgrundlage wird allerdings mit nährstoffarmer Lunge gestreckt, und statt der Flocken erhält er Weizenkleie und Rohkost. Einfacher, aber teurer, ist ein Diät-Fertigfutter, das über Tierärzte bezogen werden kann.

Wasser, immer frisch und sauber, nie eiskalt, muß dem Hund ständig zur Verfügung stehen. Ein gesunder Hund trinkt zwar bei normal feuchtem

Portrait eines Welpen.

Futter kaum, muß aber doch bei Hitze, nach Anstrengungen oder zu bestimmtem Futter seinen Durst löschen können. Ständig stark vermehrter Durst ohne erkennbaren Grund ist ein Krankheitszeichen.

Patentrezepte

Fragt man zehn Hundeexperten, erhält man sicher wenigstens neun »bewährte für diese Rasse einzig richtige« Ernährungsanleitungen, von denen acht völlig richtig sind. Trotz aller Erfahrung und wissenschaftlicher Akribie gibt es gottlob viele Möglichkeiten, seinen Hund artgemäß und ausreichend zu ernähren. Man muß nur die angeführten Ernährungsregeln mit etwas Verständnis beachten – sei es mit Fertigfutter, sei es mit einem eigenen auf Haushalt, Hund und Geldbeutel abgestellten Spezialrezept, sei es auch mit beidem.

Speiseplan

Die normale deutsche Küche eignet sich vorzüglich auch für die Ernährung eines Kromfohrländers. Die Speisen sind nicht überwürzt, Kalorien, Nährstoffe und Ballaststoffe sind ausgewogen. Der Nahrungsbedarf ist ausgerichtet auf Erhaltung von Gesundheit und Arbeitsleistung. Der Kromfohrländer als integriertes Familienmitglied stellt sich auf Ihren Speisezettel ein, bekommt aber selbstverständlich seine eigene Fleischration. Kochen Sie eine Portion mehr, so entgehen Sie dem Vorwurf, Ihr Hund werde mit Essensresten gefüttert. Ein gesunder Kromfohrländer ist immer dankbarer Futterabnehmer.
Morgens: Ein Schälchen Flocken mit je einer halben Tasse Milch oder Wasser vermischt.
Gegen Mittag: Zwischenmahlzeit mit Kalbsknochen.
Mittags: Je 50 g Kartoffel oder Reis, 50 g Gemüse und 50 g fein geschnittenes Fleisch mit Wasser oder Brühe vermischt.
Nachmittags: Eine halbe Tasse Milch mit Flocken.
Abends: Ein Schälchen Vollkost-Flocken mit einer halben Tasse Milch.

Gesundheit

Vorbeugen ist besser als Heilen

Artgerechte Haltung, Pflege und Ernährung sind Voraussetzungen für die Gesundheit. Das seelische Wohlbefinden des Hundes ist so wichtig wie das körperliche. Der gesunde Hund nimmt aufmerksam und lebhaft Anteil an seiner Umgebung. Er ist kräftig und ausdauernd. In der Ruhe atmet er 10- bis 20mal, das Herz schlägt 70- bis 100mal in der Minute. Die Körpertemperatur liegt um 38,5 °C. Gesundheit ist nicht nur »Freisein von Krankheiten«, sie schließt auch Widerstandskraft gegen Infektionen ein.

Haarkleid und Haut sind nicht nur Schutz gegen die Unbill des Wetters. Stumpfes Haar und Haarausfall, unabhängig vom normalen Haarwechsel, deuten auf innere Erkrankungen hin. Die Haut soll frei von Schuppen und Rötungen sein, kein Juckreiz plagt den Hund.

Flöhe, Läuse und Haarlinge kann auch der gepflegteste Hund von einer Hundebegegnung mitbringen. Bei Juckreiz wird als erstes die Haut auf Flohstiche – bis zu linsengroße, geschwollene Rötungen – und das Fell auf Parasitenkot – kleine schwarze Pünktchen – abgesucht. Lieblingssitze der ungebetenen Gäste sind die Innenflächen der Hinterbeine, die »Achselhöhlen« und die Ohrmuscheln. Bei leichtem Befall genügt ein Flohpuder oder -spray. Am wirksamsten sind Waschlösungen, die das Fell bis auf die Haut benetzen. Das Ablecken dieser Mittel muß verhindert werden. Sie können Vergiftungen auslösen. »Anti-Floh-Halsbänder« geben bis zu drei Monaten einen Insekten tötenden Wirkstoff ab. In engen Räumen wie Hundehütten können bei einigen Halsbändern Giftgaskonzentrationen auftreten, die auch für den Hund bedenklich sind. Die »Dauerbehandlung« mit einem Halsband ist nur bei besonders empfänglichen und gefährdeten Hunden erforderlich.

Zecken lassen sich aus dem Gebüsch auf den Hund fallen, beißen sich in der Haut fest und saugen sich mit Blut voll. Sie sehen dann wie prallgefüllte, graubraune, bis zu kirschkerngroße Säckchen aus. Zecken dürfen nicht einfach ausgerissen werden. Dabei können die Beißwerkzeuge in der Haut steckenbleiben und zu Entzündungen führen. Man betäubt die Zecke mit Alkohol oder hüllt sie mit Öl ein und wartet etwa zehn Minuten. Am sichersten wirkt ein Spraystoß mit einem insektiziden »Desinsektspray«. Die betäubte oder tote Zecke wird vorsichtig aus der Haut herausgedreht.

Die Ohren sollten alle vier Wochen kontrolliert werden. Mit Wattestäbchen kann man das Trommelfell zwar kaum verletzen, das Ohrschmalz aber in der Tiefe zusammenstopfen. Besser ist ein alkoholischer Ohrreiniger, der randvoll ins Ohr eingegossen und bei zugedrückter Ohrmuschel durchmassiert wird. Das gelöste Ohrschmalz kann der Hund dann selbst ausschütteln, vorzugsweise im Freien. Dunkle, übelriechende Beläge im Ohr zeigen eine Entzündung an. Meist wird der Hund dann auch am Ohr oder – scheinbar – am Halsband kratzen und den Kopf schütteln. Ursache des »Ohrenzwanges« können Ohrenmilben, Grasgrannen oder andere Fremdkörper sowie Bakterien und Pilze sein. Wenn zwei- bis dreimalige gründliche Reinigung mit dem Ohrreiniger keine Besserung bringt, ist eine gezielte Behandlung durch den Tierarzt erforderlich.

Die Augen werden mit einem Stückchen Mullbinde oder einem Taschentuch vom »Schlaf« gereinigt. Fusseln von Watte oder Papiertaschentüchern reizen die Schleimhäute. Bindehautentzündungen können auch durch Zugluft, Staub oder starke Sonne verursacht werden. Besonders anfällig sind Hunde, deren Augenlider dem Augapfel nicht eng anliegen. Zur Linderung werden Augentropfen in den heruntergezogenen Bindehautsack geträufelt. Borwasser wird heute nicht mehr verwendet, weil feine Kristalle als Fremdkörper wirken können. Länger andauernder wäßriger, schleimiger oder eitriger Augenausfluß sollte nicht mit Hausmitteln kuriert werden. Es könnte eine Infektion vorliegen. Wucherungen auf der Rückseite der Nickhaut müssen meist operativ behandelt werden.

Die Zähne werden durch Hundekuchen oder Knochen ausreichend gereinigt. Auch die Tortur des Zähneputzens kann Zahnstein nicht verhindern. Zur Entfernung weicher Beläge eignet sich am ehesten ein Wattebausch, getränkt mit dreiprozentiger Wasserstoffsuperoxidlösung. Zahnstein ist ein fest anhaftender brauner Belag aus verhärteten Salzen. Fauliger Mundgeruch durch Zahnfleischentzündungen und -vereiterungen sowie Zahnausfall sind die Folgen. Zahnstein sollte frühzeitig fachkundig entfernt werden. Lose Zähne müssen gezogen werden. Da der Hund keine Beute jagen, festhalten oder zerreißen muß, kann er auf schmerzende Zähne gut verzichten. Nach Entfernung der Eiterherde wird er sich auch allgemein wohler fühlen, denn sie können den Körper vergiften und zum Beispiel chronische Herzklappenentzündungen auslösen. Auch Milchhakenzähne, die beim Zahnwechsel nicht ausfallen, müssen gezogen werden. Sie können zu Stellungsfehlern im bleibenden Gebiß führen.

»Bitte nicht stören!«

Die Analbeutel sollen eigentlich bei jedem Kotabsatz eine individuelle Duftmarke zur Revierkennzeichnung hinterlassen. Sekretstauungen verursachen Juckreiz, den der Hund vergeblich durch Rutschen auf dem After zu beseitigen versucht. Dieses »Schlittenfahren« ist entgegen landläufiger Vermutung fast nie auf Wurmbefall zurückzuführen. Stark gefüllte Analbeutel müssen fachkundig ausgedrückt, vereiterte müssen tierärztlich behandelt werden.

Die Krallen werden bei normalem Auslauf ausreichend abgelaufen. Nur bei krankhaftem Hornwachstum, Stellungsfehlern oder ständig zu weichem Boden müssen sie geschnitten werden. Dabei soll die in der Kralle verlaufende Ader nicht verletzt werden. «Wolfskrallen«, Überbleibsel der an sich verkümmerten fünften Zehe an den Vorder- und Hinterläufen, können bei Verletzungen stark bluten. Sie sollten vorsorglich amputiert werden. Das geschieht üblicherweise schon bei neugeborenen Welpen.

Erste Hilfe tut not

Hautverletzungen müssen genau inspiziert werden. Oberflächliche Abschürfungen, Schrunden und Einschnitte können mit Hausmitteln behandelt werden. Auf jeden Fall werden im Bereich der Verletzungen die Haare mit einer gebogenen Schere kurz abgeschnitten. Sie verkleben sonst mit dem Wundsekret; Vereiterung ist die Folge. Die Wunde wird mit Wundgel, -spray oder -tinktur behandelt. Fetthaltige Salben behindern den heilungsfördernden Luftzutritt, Puder verkrustet.
Bei tieferen Wunden mit Durchtrennung der Haut sollte umgehend ein Tierarzt zugezogen werden. Bei Beißereien und Stacheldrahtverletzungen wird die Haut oft vom Körper losgerissen, so daß tiefe Taschen entstehen. Haare und Schmutz in der Tiefe der Wunde müssen so weit wie möglich entfernt werden. Von Fall zu Fall ist zu prüfen, ob eine »offene Wundbehandlung« oder eine Naht besser ist. Nur frische Wunden können mit Aussicht auf komplikationslose Heilung genäht werden.
Eine offene, aus der Tiefe nässende oder eiternde Wunde darf der Hund belecken. In allen anderen Fällen wird die Wundheilung behindert, weil

Stolze Eltern.

die zarten Heilungszellen am Wundrand gestört werden. Das Belecken von Wunden und das Abreißen von Verbänden kann durch einen Halskragen verhindert werden. Aus einem passenden Plastikeimer wird der Boden herausgeschnitten. Die Schnittkanten werden abgepolstert, an vier Stellen durchlöchert und mit Bindfäden versehen, die am Lederhalsband festgebunden werden.

Wundstarrkrampf ist beim Hund selten. Impfungen sind daher nicht üblich. Zur Vorbeuge sollen Wunden ausbluten und nicht luftdicht abgedeckt werden. Wenn größere Adern verletzt sind, kommt es zu andauernden, starken Blutungen. Häufig tritt Blut im Strahl aus. Dann muß zur Ersten Hilfe ein Druckverband angelegt werden. An ungünstigen Körperstellen wie am Kopf kann auch von Hand eine Kompresse aufgedrückt werden. Gliedmaßen können abgebunden werden, die Abbindung muß aber viertelstündlich kurz gelöst werden. In solchen Fällen ist stets umgehend tierärztliche Hilfe erforderlich.

Unfälle können auch zu inneren Verletzungen und Gehirnerschütterungen führen. Bei Bewußtseinstrübungen soll nie Flüssigkeit eingeflößt werden. Die Maulschleimhaut kann aber mit Kaffe, Tee oder auch einfach mit Wasser befeuchtet werden. Der Hund wird seitlich mit tiefliegendem Kopf und herausgezogener Zunge auf einer Decke gelagert, die, von zwei Personen an den Ecken stramm gezogen, auch als »Tragbahre« dient. Am Unfallort sind meistens die Diagnose und vor allem eine wirksame Schockbehandlung erschwert. Telefonisch sollte zur Vermeidung unnötiger Wege und Zeiten ein dienstbereiter Tierarzt verständigt und umgehend aufgesucht werden.

Lahmheiten können viele Ursachen haben. Als erstes wird die Pfote untersucht. Dornen oder Splitter werden ausgezogen. Verfilzte Haare drükken zwischen den Ballen wie ein Stein im Schuh; sie werden daher vorsichtig ausgeschnitten. Wunde Stellen werden wie Hautverletzungen behandelt. Im Winter müssen Streusalzreste von den Pfoten abgewaschen werden. Bei Krallenbettentzündungen können warme Kamillen- oder Seifenbäder Linderung bringen. Lose Krallenteile werden an der Bruchstelle beherzt abgeschnitten. In vielen Fällen ist ein Verband erforderlich. Er muß fachkundig angelegt werden, um Druckstellen zu vermeiden.

Bei Schwellungen, Prellungen und Verstauchungen kann das Fell des betroffenen Körperteils mehrmals täglich mit kaltem Wasser durchnäßt werden. Das wirkt wie ein Kühlverband, lindert den Schmerz und hemmt – frühzeitig angewendet – weitere Schwellungen. Wenn ein Bein überhaupt nicht belastet wird, besteht Verdacht auf Knochenbruch. Bei stark abnormer Beweglichkeit können die Gliedmaße durch eine Notschiene ruhiggestellt werden. Ein feuchtes Tuch, zwei ausreichend lange Stöcke und Binden oder Leukoplast genügen fürs Erste. Die benachbarten Gelenke müssen mit fixiert werden.

Andauernde, wiederkehrende oder sich verschlimmernde Bewegungsstörungen sind beim Kromfohrländer unbekannt. Wirbelsäulenerkrankungen mit gespanntem Gang oder Nachhandschwäche treten nicht nur bei Dackeln auf. Bei Junghunden können schmerzhafte Knochenauftreibungen oder Ablösungen des Ellenbogenhöckers zu Lahmheiten führen. Ältere Hunde leiden oft unter chronischen Gelenkentzündungen. Die Hüftgelenksdysplasie (HD) ist erblich veranlagt. Eine Abflachung der Gelenkpfanne begünstigt Arthrosen und Verrenkungen. Relativ oft wird das Humpeln auf einem Hinterbein durch eine Ausrenkung der Kniescheibe bedingt, die operativ fixiert werden muß.

Vergiftungen sind meist »Unglücksfälle« und nur selten böse Absicht. Die besten Überlebenschancen bestehen, wenn man die Giftaufnahme beobachten oder rekonstruieren kann. Dann muß man versuchen, das Gift aus dem Magen wieder herauszubefördern, bevor es in den Körper übergehen kann. Der Tierarzt kann Erbrechen durch eine Injektion auslösen, der Laie durch Eingabe von zwei bis drei Teelöffeln Salz. Nach dem Erbrechen wird Wasser mit sechs bis zwölf Kohlekompretten eingeflößt, aber keine Milch, weil verschiedene Gifte fettlöslich sind. Packung, Beizettel und Erbrochenes werden mit zum Tierarzt genommen, um frühzeitig eine gezielte Behandlung zu gewährleisten. Giftig sind Rattengift – am häufigsten Cumarin, seltener Thallium, Zinkphosphid und Arsen –, Schädlingsbekämpfungsmittel wie E 605 oder Castrix Giftkörner, das Schneckenbekämpfungsmittel Meta-Hart-Spiritus und Frostschutzmittel, ganz zu schweigen von Blausäure und Strychnin, die heute jedoch kaum noch erhältlich sind.

Plötzliches Erbrechen, Durchfall, Krämpfe und zunehmende Mattigkeit begründen einen Vergiftungsverdacht. Eine genaue Diagnose ist häufig aber erst durch die Spätschäden wie Blutungen oder Haarausfall möglich. Dann kann es für eine Rettung des Hundes bereits zu spät sein.

Durchfall ohne Fieber ist häufig durch einen Fastentag zu bessern. Der Hund erhält ausschließlich verdünnten Tee mit einer Prise Salz, aber ohne Zucker. Stattdessen ist Süßstoff zur Geschmacksverbesserung erlaubt. Keinesfalls darf Durchfall durch Wasserentzug »behandelt« werden; der Körper würde zu stark austrocknen. Kohlekompretten sind nie verkehrt, Mexaform und ähnliche Mittel sind für Hunde giftig! Am zweiten Tag erhält der Hund in kleinen Portionen ein Diätfutter, zum Beispiel Beefsteakhack, Schmelzflocken und rohen, geriebenen Apfel. Am dritten Tag muß der Durchfall deutlich gebessert sein.

Verstopfungen lassen sich durch rohe Leber oder Milz oder durch drei bis fünf Teelöffel zehnprozentiger Dosenmilch häufig bessern.

Erbrechen ist keine selbständige Krankheit. Einmaliges Erbrechen kann durch zu hastiges Fressen, zu kaltes Futter oder Aufnahme von Fremdkörpern ausgelöst werden. Gelegentliches Erbrechen ist beim Hund ohne große Bedeutung. Um zu erbrechen frißt der Hund häufig Gras. Wird ständig Futter erbrochen oder hat er Durchfall und Erbrechen mit Fieber; dieses sind Fälle für den Tierarzt.

Winterspaziergang.

Alarmzeichen

Fieber ist eine Abwehrreaktion des Körpers, meist auf Infektionen. Die Hundenase kann auch beim kranken Hund feucht und kühl sein. Die Temperatur muß mit einem Fieberthermometer fünf Minuten im Mastdarm gemessen werden. Sie darf nicht über 39 °C liegen. Untertemperaturen unter 37,5 °C entstehen infolge einer Reduzierung der Stoffwechselvorgänge häufig vor dem Tod.
Erkältungen wie beim Menschen treten beim Hund selten auf. Sie sind kein Fall für die Hausapotheke. Würgender Husten, als ob ein Knochen im Hals säße, tritt bei Mandelentzündungen auf. Ernstere Infektionen wie Zwingerhusten oder gar Staupe können vorliegen. Pumpende Atmung entsteht durch eine Lungenentzündung, aber auch durch Was-

seransammlung in der Lunge, zum Beispiel infolge von Vergiftungen. Bei alten Hunden kann der damit verbundene Husten auch auf eine Herzschwäche zurückzuführen sein. Bauchpressen und Aufblasen der Backen sind Zeichen höchster Atemnot.

Schleimhäute im Auge und im Fang geben Hinweise auf innere Erkrankungen: Blässe deutet auf Blutarmut hin, Gelbfärbung auf Leberschäden mit Gelbsucht, Blutungen auf schwere Infektionen oder Vergiftungen, eine bläuliche Färbung tritt bei Herz- und Kreislaufschwäche auf.

Kot und Urin mit Blutbeimengungen lassen schwerwiegende krankhafte Veränderungen vermuten. Bei Blutungen im Magen und in den vorderen Darmabschnitten kann der Stuhl durch das verdaute Blut pechschwarz aussehen. Nierenerkrankungen können auch mit erhöhtem Durst verbunden sein. Wenn Mattigkeit und Mundgeruch hinzukommen, ist meist bereits eine Harnvergiftung eingetreten. Harnsteine, Blasenriß oder Vergiftungen können dazu führen, daß überhaupt kein Urin mehr abgesetzt wird; dann besteht höchste Gefahr. Geschwülste, Prostatavergrößerungen und Mastdarmveränderungen erschweren den Kotabsatz. Verhärtete Knochenteile können den Enddarm völlig verstopfen. Erbrechen und zunehmende Mattigkeit bei fehlendem Kotabsatz sprechen für einen Darmverschluß oder einen Fremdkörper im Darm.

Speicheln wird im harmlosesten Fall durch Fremdkörper in der Maulhöhle oder durch lose Zähne verursacht, bedenklicher wäre eine E 605-Vergiftung oder Pseudowut, schlimmstenfalls ist an Tollwut zu denken.

Umfangsvermehrungen des Bauches bei sonst normalem Ernährungszustand oder zunehmende Abmagerung können durch Tumore oder Bauchhöhlenwasser hervorgerufen werden. Bei einer Gebärmuttervereiterung besteht gleichzeitig fast immer starker Durst, gelegentlich auch Scheidenausfluß. Eine plötzliche Aufblähung des Bauches mit Kolik und Kreislaufschwäche, bedingt durch eine Magendrehung, erfordert unverzügliche Operation.

Infektionen bedrohen die Gesundheit

Staupe und ansteckende Leberentzündung (Hepatitis) sind Viruskrankheiten, die für Junghunde besonders gefährlich sind, aber auch

ältere Hunde befallen. Staupe beginnt mit einem häufig kaum merkbaren, kurzen Fieber, dem nach etwa acht Tagen eine schwere Lungenentzündung mit eitrigem Augen- und Nasenausfluß oder ein Durchfall folgen kann. Eine besondere Verlaufsform ist mit einer Verhärtung der Ballen verbunden. Nach scheinbarer Besserung treten nervöse Erscheinungen bis hin zu Krämpfen auf, die meistens zum Tod führen. Nach überstandener Staupe bleibt häufig ein nervöses Zucken der Kopfmuskeln, der »Staupetik«, nach Erkrankungen im Junghundealter das »Staupegebiß« mit erheblichen Zahnschmelzdefekten zurück.
Die ansteckende Leberentzündung verläuft ähnlich, mit hohem Fieber, Apathie und Appetitlosigkeit. Hornhauttrübungen können bleibende Folgeschäden sein.
Stuttgarter Hundeseuche (Leptospirose) wird durch Bakterien verursacht und von Hund zu Hund übertragen. Sie beginnt häufig mit einer Schwäche in den Hinterbeinen. Geschwüre im Maul, Magen und Darm sind mit aasartig-faulem Maulgeruch und blutigem Durchfall verbunden.
Tollwut tritt bei Hunden nur noch selten auf. Die Seuche wird vor allem durch Füchse übertragen. Hinweisschilder warnen in gefährdeten Gebieten vor Tollwut. Die Krankheit ist besonders tückisch: Die typischen Wuterscheinungen mit heiserem Gebell, Wasserscheue, Unruhe und unmotivierter Beißwut fehlen häufig. Die »stille Wut« ist im Anfangsstadium schwer zu erkennen. Ein erkranktes Tier stirbt immer.
Parvovirose ist bei uns erst in den letzten Jahren aufgetreten. Der Erreger ähnelt dem Katzenseuchevirus. Die Seuche wurde zunächst auf Ausstellungen verbreitet. Die Ansteckung erfolgt über die Ausscheidungen von Hund zu Hund. Bei Welpen tritt plötzlicher Herztod auf, ältere Hunde sterben nach unstillbarem blutigen Durchfall und Erbrechen.

Impfungen schützen vor diesen Infektionskrankheiten

Gegen Staupe, Hepatitis und Leptospirose sowie gegen Tollwut gibt es Kombinationsimpfstoffe. Die Buchstaben S, H, L und T kennzeichnen die Wirksamkeit. Zur Grundimmunisierung der Welpen sind zwei Vierfachimpfungen etwa in der achten und zwölften Lebenswoche oder zwei

SHL-Impfungen mit nachfolgender Tollwutimpfung erforderlich. Staupe und Hepatitis sind nicht mehr so verbreitet, wie früher. Der Hund kommt möglicherweise jahrelang nicht mit dem Erreger in Berührung, so daß der Impfschutz nicht »natürlich« aufgefrischt wird. SH-Impfungen müssen daher alle zwei Jahre wiederholt werden. Der Käufer eines Hundes muß den Impfpaß genau prüfen: Ein »passiver« Serumschutz setzt zwar sofort ein, hält jedoch nur zwei bis drei Wochen. Eine »aktive« Schutzimpfung muß sich fristgerecht anschließen.

Gegen Leptospirose und Tollwut muß jährlich nachgeimpft werden. Ein sicherer Impfschutz des Hundes ist auch für den Menschen wichtig. Erkrankte Hunde können Leptospiren übertragen, die beim Menschen das »Canicola Fieber« oder die »Weil'sche Krankheit« hervorrufen. Hundetollwut ist wegen des engen Kontaktes für Menschen viel gefährlicher als Wildtollwut. Geimpfte Hunde übertragen keine Tollwut. Fristgerecht geimpfte Hunde unterliegen nach einem Kontakt mit verdächtigem Wild auch weniger strengen tierseuchenrechtlichen Maßregeln und können auf Auslandsreisen mitgenommen werden.

Ein inzwischen zur Anwendung beim Hund zugelassener Katzenseucheimpfstoff erzeugt bei zweimaliger Impfung und jährlichen Auffrischungsimpfungen spezifische Abwehrkörper gegen Parvoviren. Man kennt zwar noch nicht alle krankheitsauslösenden Faktoren, darf jedoch annehmen, daß geimpfte Hunde ausreichend geschützt sind.

Gegen andere Infektionen schützt Vorsicht

Toxoplasmose wird durch einzellige Schmarotzer hervorgerufen. Ihr Stammwirt ist die Katze. Bei anderen Tieren werden ansteckungsfähige Dauerformen gebildet. Hunde erkranken überwiegend durch infiziertes Schweinefleisch. Für die Ansteckung des Menschen wurden sie früher zu Unrecht verantwortlich gemacht.

Aujeszky'sche Krankheit wird ebenfalls durch Schweinefleisch übertragen. Unstillbarer Juckreiz, Unruhe, Ängstlichkeit und Speichelfluß haben gewisse Ähnlichkeit mit Tollwut. Die Krankeit wird daher auch »Pseudowut« genannt. Durch Verfütterung von gekochtem Schweinefleisch oder Fertigfutter sind beide Infektionskrankheiten zu verhüten.

Zwingerhusten tritt vor allem in Tierheimen und Hundehandlungen auf. Unter begünstigenden Umständen lösen Viren und Bakterien gemeinsam Entzündungen von Luftröhre und Bronchien aus. Kennzeichnend ist ein kurzer, trockener Husten. Sekundärinfektionen können den Krankheitsverlauf verschlimmern. Einen gesunden Hund kauft man mit größerer Wahrscheinlichkeit beim Hobbyzüchter. Währen des Urlaubs sollte man seinen Hund nicht in unbekannte Heime oder Pensionen geben.

Wurmkuren gegen unerwünschte Kostgänger

Spulwürmer können bei Junghunden zu Verdauungs- und Entwicklungsstörungen, zu Vergiftungserscheinungen und sogar zum Tod führen. Fast alle Welpen werden im Mutterleib mit Spulwürmern infiziert. Die ersten Wurmkuren soll schon der Züchter durchführen. Junghunde werden vierteljährlich entwurmt. Ältere Hunde beherbergen nur noch einzelne Würmer. Sie richten zwar keinen großen Schaden an, sind aber eine ständige Infektionsquelle. Einmal jährlich sollte daher vorsorglich ein Wurmmittel verabreicht werden. Bei festgestelltem Wurmbefall ist eine sofortige Entwurmung mit einer Wiederholungsbehandlung nach zwei bis drei Wochen erforderlich. Rohe Möhren garantieren keine Wurmfreiheit. Wirksame und verträgliche Mittel sind verschreibungspflichtig. Sie wirken auch gegen andere Rundwurmarten, zum Beispiel gegen Hakenwürmer.
Spulwürmer sind auf ihre Wirtstierarten spezialisiert; wenn der Mensch Hundespulwurmeier aufnimmt, schlüpfen zwar Larven und beginnen ihre Wanderung im Körper, sie bleiben jedoch in Organen oder Muskeln stecken und können dort schmerzhafte Entzündungen verursachen. Besonders gefährdet sind »Krabbelkinder«. Wurmkuren dienen daher auch dem Gesundheitsschutz der Familie. Auf Kinderspielplätzen haben Hunde nichts zu suchen.
Bandwürmer brauchen für ihre Entwicklung stets einen Zwischenwirt. Für den Hundebandwurm ist dies der Floh. Er nimmt die Wurmeier auf, aus denen sich eine Finne entwickelt. Der Hund »knackt« den Floh – die

Finne wächst im Hundedarm zum fertigen Bandwurm aus. Mit dem Kot erscheinen nach geraumer Zeit einzelne kürbisförmige, anfangs noch bewegliche Bandwurmglieder oder ein längeres, deutlich gegliedertes Wurmende. Die meisten Spulwurmmittel sind gegen Bandwürmer unwirksam. Heute gibt es aber gut verträgliche und sicher wirkende Bandwurmmittel. Zur Bandwurmkur gehört stets eine Flohbehandlung von Hund und Lager.

Besonders bei Jagdhunden kann auch der »gesägte Bandwurm« auftreten, dessen Zwischenwirte Hasen und Kaninchen sind. Andere Bandwurmarten, die durch Fisch oder Wild, Rinder- oder Schafeingeweide übertragen werden, kommen seltener vor. Dazu zählt der »dreigliedrige Bandwurm«, der als einziger auch dem Menschen gefährlich werden kann. Der Hund sollte zur Vorbeuge keine rohen »Konfiskat«-Innereien erhalten und daran gehindert werden, Kadaver von Wildtieren aufzufressen.

Gefahren für die menschliche Gesundheit?

Impfungen und Wurmkuren schränken Ansteckungsgefahren ein. Hygiene tut ein übriges: Selbstverständlich hat der Hund sein eigenes Lager und Futtergeschirr; beides ist peinlich sauber. Rasen und Wege werden von Hundekot freigehalten. Der Hund wird so erzogen, daß er das Gesicht nicht ableckt. Das Belecken der Hände ist Ausdruck seiner Zuneigung. Man darf sie dulden, denn man kann sich die Hände anschließend waschen. Vorsichtige können Lager, Hütte und andere hygienegefährdete Stellen und Gegenstände regelmäßig desinfizieren. Die Mittel sollen gegen Viren, Bakterien und Pilze wirken. Zur Schnelldesinfektion eignet sich ein »Desinsektspray«, der auch Ektoparasiten abtötet. Besonders angezeigt sind solche Maßnahmen, wenn der Hund eiternde Wunden, Ekzeme, Furunkel oder eine Vorhaut-, Zahnfleisch- oder Mandelentzündung hat. Diese Infektionen sind konsequent zu behandeln. Eitererreger können auch beim Menschen Komplikationen verursachen. Vorsicht ist stets bei schlecht heilenden oder sich ausbreitenden Ekzemen geboten: Räudemilben sind zwar auf Tierarten »spezialisiert«, können jedoch auch beim Menschen juckende Hautrötungen verursachen. Hautpilzinfektionen sind auf Menschen übertragbar. Daher sollte man umgehend eine Spezialuntersuchung und Behandlung veranlassen. Pilzinfektionen entstehen nur, wenn sich die Erreger länger als 12 bis 24 Stunden auf der menschlichen Haut einnisten können. Gründliches Waschen bannt die Gefahr. Zusätzliche Sicherheit bietet ein Handdesinfektionsmittel, das nach Berührung verdächtiger Stellen oder Ausscheidungen in die Hände eingerieben wird.

Allergien sind auch durch größte Sauberkeit nicht immer zu vermeiden. Einige Menschen reagieren bei Kontakt mit Tierhaaren und -hautteilen mit Ausschlägen oder Atembeschwerden. Katzen, Meerschweinchen und Vögel sind viel öfter als Hunde die Auslöser; viele andere pflanzliche und tierische Stoffe kommen hinzu. Die Allergieursache kann von einem Hautarzt durch Spezialtests auf der Haut ermittelt werden. Auf Verdacht braucht also kein Hund abgeschafft zu werden. Und vor der Anschaffung eines Kromfohrländers brauchen auch gesundheitsbewußte Hundefreunde nicht zurückzuschrecken.

Hat keiner zugeschaut? Kyros und Alpha.

Ältere und alte Kromfohrländer

Mit 17 Jahren stürzte Annette die Treppe hinunter und brach das Genick. Gasco zählte 18 Jahre, als er einem Verkehrsunfall zum Opfer fiel. Drei Monate nach dem Tode ihres Herrn starb Alta 13jährig an gebrochenem Herzen. Eine akute Nierenvergiftung war Todesursache bei Quick, der 13jährig starb. Nach 15jährigem treuem Hundeleben endete Dittas Dasein infolge Herzversagen.

Diese und viele andere starben in den Armen ihres Herrn; denn wer brächte es übers Herz, den Partner und Begleiter vieler Jahre abtöten zu lassen, wenn er gebrechlich wird. Ein alternder Kromfohrländer wird naturgemäß ruhiger. Ist er mit drei Jahren ausgewachsen und tatendurstig, so zeigt er sich ab dem achten Jahr deutlich ruhiger und gelassener. Den täglichen Auslauf absolviert er immer noch mit Freude und Tempo. Aber er braucht auch schon einmal eine Laufpause. Er genießt sichtlich seine Ruhe und weiß ein bequemes Lager zu schätzen.

Vor allem wird die Fütterung umgestellt, es gibt weniger, aber gehaltvollere Nahrung. Das entspricht dem verminderten Energiebedarf. Auf den Kreislauf ist zu achten. Sein sportlich vergrößertes Herz benötigt eventuell eine Unterstützung mit Weißdorntropfen. Die Zähne müssen sorgfältiger gepflegt werden, denn bei vermehrtem Zahnsteinbelag werden sie leicht locker. Auch sollte ein abgekauter Zahn vom Tierarzt entfernt werden. Gebärmutteroperationen entfallen, weil bei den Kromfohrländer-Hündinnen Scheinschwangerschaften oder Gebärmutterwucherungen normal nicht vorkommen. Nur Axel, der offiziell zehnmal Vater war, wurde im Alter wegen hypertropher Männlichkeit kastriert.

Im ganzen gesehen altert der Kromfohrländer unmerklich und problemlos. Sein Reaktionsvermögen läßt kaum nach, seine Anhänglichkeit und Zärtlichkeit nehmen eher zu. Sein seelenvoller Augenaufschlag wirkt auch dann noch, wenn er schon halbblind geworden ist.

Gesellen Sie ihm einen Junghund zu, so werden Sie erstaunt erleben, wie

Ihr Senior sich verjüngt. Es kann auch ein Kätzchen sein oder irgendein Hundewelpe; am besten wäre es, einen Kromfohrländer-Welpen zu erwerben.

Die Lebensbedingungen, die ein Kromfohrländer für sich braucht, gestatten ohne weiteres, einen Zweithund aufzuziehen. Der Kleine wird ganz selbstverständlich akzeptiert, er riecht ja noch nach Baby. Er wird geliebt und erzogen und muntert den Alten tüchtig auf. So wächst für Sie ein neuer Partner heran, der die schmerzliche Lücke ausfüllt, die der Tod des Alten einmal aufreißen wird.

Ein wenig macht mir das Spielen auch jetzt noch Spaß.

Anschriften, die Sie kennen sollten

Bundesrepublik Deutschland

Verband für das Deutsche Hundewesen	Hoher Wall 20 4600 Dortmund 1
FCI	Fédération Cynologique Internationale 12, rue Leopold II B-6530 Thuin/Belgien
Rassezuchtverein der Kromfohrländer e.V.	Kurt Bolzmann, 1. Vorsitzender Krünerstr. 13 5810 Witten
	Werner Rahmann, Zuchtleiter, Zuchtbuchstelle Waldegge 36 5810 Witten

Finnland

Kennel Krumme Furche	Tiina Kopoonen Hämeenmäki 51600 Haukivuori/Finnland

Schweiz

Schweizer Kromfohrländer Club	Prof. Dr. Clive C. Kuenzle, Präsident Biberlinstr. 43 CH-8032 Zürich